Wirtschaftsspsychologie

nach den 12 Archetypen.

Band 1 Verkaufspsychologie

mit Magic Selling

Thomas Gernbauer

Über den Autor:

Alexander Kien war das Pseudonym von Thomas Gernbauer.

Thomas Gernbauer war selbst viele Jahre erfolgreich im Verkauf unterschiedlicher Produkte tätig. Dabei hatte er Kontakt mit Kunden im Business-Bereich wie auch mit Endkunden im privaten Bereich.

Er entwickelte in jahrelangen intensiven Forschungen, begleitet von einer Vielzahl an Weiterbildungsmaßnahmen und viel Praxis, die in diesem Buch vorgestellten Ansätze.

Sie können ihn als Vortragenden, Trainer oder Berater buchen.
Kontakt:
office@gernbauer.com

Website:
www.gernbauer.com

Inhaltsverzeichnis

Verkaufspsychologie mit Magic Selling

Vorwort

Liebe VerkäuferInnen,

In den Gassen eines alten, verschlafenen Marktes, wo das Flüstern der Verkäufer sich mit dem Duft exotischer Gewürze mischt, existiert eine Kunst, die nur wenigen bekannt ist – die Kunst des "Magic Selling".

Dabei werden geheime Verkaufstechniken und -taktiken eingesetzt, um das Interesse und die Neugier der Kunden zu wecken und sie zum Kauf zu motivieren. Elemente wie begrenzte Verfügbarkeit, vertrauliche Informationen, exklusive Zugänge und geheime Rabatte oder Angebote werden inszeniert. Es kann auch den Einsatz von Geheimcodes, versteckten Botschaften oder speziellen Events beinhalten, um die Kunden einzubeziehen und ihre Aufmerksamkeit zu gewinnen.

Verkaufspsychologie mit Magic Selling

In diesem Buch, werden wir uns auf die grundlegenden Prinzipien und Strategien konzentrieren, die Ihnen helfen werden, Ihre Verkaufsfähigkeiten zu verbessern und erfolgreichere Ergebnisse zu erzielen. Das Ziel dieses Buches ist es, Ihnen einen umfassenden Einblick in die Psychologie des Verkaufs zu geben und Ihnen Werkzeuge an die Hand zu geben, um Kunden zu gewinnen und zu überzeugen.

Es ist wichtig zu beachten, dass die Kapitel und Unterkapitel dieses Buches je nach Umfang und Schwerpunkt angepasst werden können. Der Inhalt ist darauf ausgerichtet, Ihre Fähigkeiten als Verkäufer zu stärken und Ihnen praktische Ratschläge zu geben, die Sie in Ihrer täglichen Arbeit anwenden können.

Verkaufspsychologie mit Magic Selling

Die verschiedenen Kapitel werden verschiedene Aspekte des Verkaufsprozesses behandeln, angefangen bei der Entwicklung einer erfolgreichen Verkaufsstrategie bis hin zur effektiven Kommunikation mit Kunden. Wir werden uns mit den psychologischen Prinzipien hinter dem Kaufverhalten der Kunden befassen und Ihnen zeigen, wie Sie dieses Wissen nutzen können, um Ihre Verkaufsgespräche zu optimieren.

Darüber hinaus werden wir Ihnen bewährte Techniken und Taktiken vorstellen, um Einwände zu überwinden, Kundenbedürfnisse zu erkennen und Vertrauen aufzubauen. Sie werden auch erfahren, wie Sie effektiv mit schwierigen Kunden umgehen und langfristige Kundenbeziehungen aufbauen können.

Verkaufspsychologie mit Magic Selling

Unser Ziel ist es, Ihnen sowohl theoretisches Wissen als auch praktische Beispiele und Übungen anzubieten, damit Sie das Gelernte direkt in Ihrem Verkaufsalltag anwenden können. Am Ende jedes Kapitels finden Sie eine Zusammenfassung der wichtigsten Punkte sowie konkrete Handlungsempfehlungen, um Ihr Verkaufspotenzial zu maximieren.

Wir hoffen, dass dieses Buch Ihnen wertvolle Einblicke und Inspiration bietet, um Ihre Verkaufsfähigkeiten auf ein neues Level zu bringen. Denken Sie daran, dass die Anpassung der Kapitel und Unterkapitel Ihnen die Möglichkeit gibt, den Inhalt auf Ihre individuellen Bedürfnisse und Ziele anzupassen.

Verkaufspsychologie mit Magic Selling

Dieses Buch öffnet die Tür auch zu dieser geheimnisvollen Welt der Verkaufspsychologie. Es taucht ein in die rätselhaften Methoden, die die größten Meister des Verkaufs seit Jahrhunderten nutzen, und aktualisiert sie für das moderne Zeitalter des digitalen Marketings. Sie werden lernen, wie man die menschliche Psyche anspricht, verborgene Bedürfnisse aufdeckt und Geschichten erzählt, die bezaubern und überzeugen.

Die Macht des Geschichtenerzählens: Laut einer Studie des Neuroeconomics Lab an der Claremont Graduate University können Geschichten die Produktion von Oxytocin, einem "Vertrauenshormon", stimulieren, was die Wahrscheinlichkeit erhöht, dass jemand kauft.

Von den Grundlagen der Psychologie bis hin zu fortgeschrittenen Techniken des "Magic Seling" – bereiten Sie sich darauf vor, Ihre Verkaufsfähigkeiten in eine Kunstform zu verwandeln, die sowohl unerklärlich als auch unwiderstehlich ist.

Ihr Thomas Gernbauer

Einleitung

"Verkauf ist kein Geschäft der Produkte, sondern ein Geschäft der Beziehungen."

In diesem Buch werden wir uns intensiv mit den psychologischen Aspekten des Verkaufens auseinandersetzen und Ihnen wertvolle Einblicke und Techniken liefern, um Ihre Verkaufsfähigkeiten zu verbessern.

Als Verkäufer stehen Sie täglich vor der Herausforderung, potenzielle Kunden zu gewinnen und von Ihrem Produkt oder Ihrer Dienstleistung zu überzeugen. Doch wie genau funktioniert das? Wie können Sie Menschen auf einer emotionalen Ebene ansprechen und ihre Kaufentscheidungen beeinflussen?

Verkaufspsychologie mit Magic Selling

Genau hier setzt die Psychologie des Verkaufs an. Indem Sie die Grundprinzipien der menschlichen Psychologie verstehen, werden Sie in der Lage sein, Ihre Verkaufstechniken zu optimieren und Ihre Erfolgsquote zu steigern.

In diesem Buch werden wir verschiedene psychologische Konzepte und Strategien erforschen, die Ihnen helfen werden, Ihre Verkaufsgespräche effektiver zu gestalten. Wir werden uns mit Themen wie der Bedeutung des ersten Eindrucks, der Macht der Überzeugungskraft und der Kunst des Storytellings auseinandersetzen.

Darüber hinaus werden wir uns auch mit den psychologischen Hürden beschäftigen, mit denen Verkäufer häufig konfrontiert sind, wie beispielsweise Ablehnung und Einwände seitens der Kunden. Wir werden Ihnen bewährte Techniken und Methoden vorstellen, um diese Herausforderungen zu meistern und langfristige Kundenbeziehungen aufzubauen.

Verkaufspsychologie mit Magic Selling

Egal, ob Sie ein erfahrener Verkäufer sind oder gerade erst in die Welt des Verkaufens eintauchen, dieses Buch wird Ihnen wertvolle Einsichten und praktische Ratschläge bieten, um Ihre Verkaufsfähigkeiten auf eine neue Ebene zu heben.

Bereiten Sie sich darauf vor, Ihre Verkaufstechniken zu revolutionieren und Ihre Kunden zu begeistern. Tauchen Sie ein in die faszinierende Welt der Psychologie des Verkaufs und lassen Sie sich von den erprobten Strategien und Techniken inspirieren, um Ihre Verkaufsergebnisse zu steigern.

Und darum geht's im Verkauf:

1. Vorbereitung und Recherche: Bevor die Verhandlung beginnt, sollten Sie so viel wie möglich über Ihren Verhandlungspartner wissen. Je besser Sie die Bedürfnisse, Wünsche und Grenzen des Kunden kennen, desto besser können Sie Ihre Argumente anpassen.

2. Gemeinsame Ziele hervorheben:

Zeigen Sie dem Kunden, dass Sie gemeinsame Interessen und Ziele verfolgen. Dies schafft Vertrauen und erleichtert es, Kompromisse zu finden.

3. Die Kraft des Zuhörens:

Aktives Zuhören zeigt Respekt und gibt Ihnen die Möglichkeit, die Bedenken des Kunden genau zu verstehen. Oftmals gibt der Kunde im Gespräch selbst Hinweise darauf, was ihm besonders wichtig ist.

"Der beste Verkauf beginnt immer mit dem Zuhören, nicht mit dem Sprechen."

4. Reziprozität ausnutzen:

Menschen neigen dazu, Zugeständnisse zu erwidern. Wenn Sie in einem Punkt nachgeben, wird der Kunde wahrscheinlich auch bereit sein, in einem anderen Punkt entgegenzukommen.

5. Ankereffekt:

Der erste genannte Preis oder Wert in einer Verhandlung setzt oft einen Referenzpunkt für den weiteren Verlauf. Ein strategisch gesetzter Anker kann die Verhandlung in Ihre gewünschte Richtung lenken.

6. Verknappung nutzen:

Die Betonung der Exklusivität oder der begrenzten Verfügbarkeit eines Angebots kann den Druck erhöhen und die Entscheidungsfreudigkeit des Kunden fördern.

**7. Emotionale Intelligenz einsetzen:

Die Fähigkeit, die Emotionen des Gegenübers zu erkennen und darauf zu reagieren, kann entscheidend sein. Positive Emotionen wie Vertrauen oder Begeisterung können den Verhandlungsprozess erheblich beeinflussen.

**8. "Ja"-Momentum schaffen:

Beginnen Sie die Verhandlung mit Fragen oder Punkten, bei denen der Kunde wahrscheinlich zustimmen wird. Ein fortlaufendes "Ja"-Momentum kann die Zustimmungsbereitschaft für später diskutierte, komplexere Themen erhöhen.

**9. Klarheit und Einfachheit:

Komplexe Verhandlungsangebote können den Kunden überfordern. Je einfacher und klarer Ihr Angebot dargestellt wird, desto höher ist die Wahrscheinlichkeit, dass der Kunde es annimmt.

**10. Kontrollierte Konzessionen:

Planen Sie im Voraus, welche Zugeständnisse Sie machen können und wann. Dies gibt Ihnen Kontrolle über den Verhandlungsprozess und kann den Kunden dazu bringen, auch Zugeständnisse zu machen.

**11. Win-Win-Situationen suchen:

Anstatt die Verhandlung als Nullsummenspiel zu sehen, suchen Sie nach Lösungen, von denen beide Seiten profitieren. Das stärkt die Beziehung zum Kunden und führt zu langfristigerem Erfolg.

Langfristige Erfolgsstrategien für Verkäufer

In der heutigen wettbewerbsintensiven Verkaufswelt ist es von entscheidender Bedeutung, langfristige Erfolgsstrategien zu entwickeln, um Kunden zu gewinnen und zu überzeugen. Der Verkaufsprozess erfordert nicht nur Geschick und Fachwissen, sondern auch eine fundierte Kenntnis der Psychologie des Verkaufs.

Eine der wichtigsten Strategien für Verkäufer ist es, eine starke Beziehung zu den Kunden aufzubauen. Kundenbindung ist essenziell, um langfristige Geschäftsbeziehungen aufzubauen und das Vertrauen der Kunden zu gewinnen. Durch regelmäßige Kommunikation, persönliches Interesse an den Bedürfnissen der Kunden und eine professionelle Arbeitsweise kann eine solide Kundenbindung hergestellt werden.

Verkaufspsychologie mit Magic Selling

Ein weiterer wichtiger Aspekt ist die Fähigkeit, die Bedürfnisse und Wünsche der Kunden zu erkennen und darauf einzugehen. Dies erfordert eine gründliche Marktanalyse und das Verständnis der psychologischen Motive, die das Kaufverhalten beeinflussen. Durch die Anpassung der Verkaufsstrategie an die individuellen Bedürfnisse der Kunden können Verkäufer ihre Erfolgschancen erheblich steigern.

Darüber hinaus ist es wichtig, stets auf dem neuesten Stand zu bleiben und sich kontinuierlich weiterzubilden. Die Verkaufstechniken entwickeln sich ständig weiter und Verkäufer müssen sich anpassen, um erfolgreich zu sein. Seminare, Schulungen und das Lesen von Fachliteratur sind hervorragende Möglichkeiten, um das eigene Wissen zu erweitern und neue Verkaufsstrategien zu erlernen.

Verkaufspsychologie mit Magic Selling

Neben diesen strategischen Aspekten sollten Verkäufer auch ihre kommunikativen Fähigkeiten weiterentwickeln. Eine klare und überzeugende Kommunikation ist der Schlüssel, um potenzielle Kunden von den eigenen Produkten oder Dienstleistungen zu überzeugen. Dies beinhaltet die Fähigkeit, zuzuhören, die richtigen Fragen zu stellen und die Vorteile des eigenen Angebots überzeugend zu präsentieren.

Langfristige Erfolgsstrategien für Verkäufer erfordern Zeit, Engagement und die Bereitschaft, sich ständig weiterzuentwickeln. Indem Verkäufer die Grundprinzipien der Psychologie des Verkaufs verstehen und in ihre Verkaufsstrategien integrieren, können sie ihre Erfolgschancen erheblich verbessern und langfristige Kundenbeziehungen aufbauen. Mit einer fundierten Kenntnis der Verkaufspsychologie und einer kontinuierlichen Weiterbildung werden Verkäufer in der Lage sein, ihre Ziele zu erreichen und als erfolgreiche Verkäufer in ihrer Branche anerkannt zu werden.

Die Bedeutung von Motivation für den Verkaufserfolg

"Menschen kaufen nicht, was du tust, sie kaufen, warum du es tust." – **Simon Sinek**

Motivation ist der innere Antrieb, der uns dazu bewegt, bestimmte Ziele zu erreichen oder bestimmte Aufgaben zu erledigen. Im Verkauf spielt die Motivation eine zentrale Rolle, da sie sowohl den Verkaufsprozess als auch das Ergebnis beeinflusst. Im Folgenden werden wir die tiefgreifende Bedeutung der Motivation für den Verkaufserfolg beleuchten.

1. Antrieb zur Leistungssteigerung:

Verkäufer, die motiviert sind, setzen sich oft höhere Ziele und streben danach, diese zu erreichen. Dies kann zu einer Steigerung des Umsatzes, der Kundenzufriedenheit und letztlich des gesamten Geschäftserfolgs führen.

2. Ausdauer und Beständigkeit:

Ein hoher Grad an Motivation gibt Verkäufern die Energie und Ausdauer, sich auch in schwierigen Phasen oder bei Rückschlägen weiterhin für den Verkaufserfolg einzusetzen.

3. Verbesserung der Kundenbeziehungen:

Motivierte Verkäufer tendieren dazu, mehr Zeit und Energie in den Aufbau und die Pflege von Kundenbeziehungen zu investieren. Dies kann zu langfristiger Kundenbindung und wiederholten Geschäften führen.

4. Steigerung der Lernbereitschaft:

Motivation fördert die Bereitschaft, sich weiterzubilden, neue Fähigkeiten zu erlernen und sich an veränderte Marktbedingungen anzupassen. Ein lernbereiter Verkäufer bleibt wettbewerbsfähig und kann den sich ständig ändernden Anforderungen des Marktes gerecht werden.

5. Positive Unternehmenskultur:

Motivierte Verkäufer tragen zu einer positiven Arbeitsatmosphäre bei, die wiederum andere Teammitglieder inspiriert und motiviert. Diese kollektive Energie kann sich exponentiell auf den Gesamterfolg auswirken.

6. Höhere Abschlussquoten:

Motivation kann zu erhöhter Überzeugungskraft führen. Ein überzeugter und motivierter Verkäufer kann diese Energie auf den Kunden übertragen und die Wahrscheinlichkeit eines erfolgreichen Abschlusses erhöhen.

7. Proaktiver Ansatz:

Anstatt auf Kundenanfragen zu reagieren, sind motivierte Verkäufer oft proaktiver, suchen aktiv nach neuen Geschäftsmöglichkeiten und versuchen, sich vor potenziellen Herausforderungen zu positionieren.

Verkaufspsychologie mit Magic Selling

Motivation im Verkauf geht weit über die simple Vorstellung hinaus, ein Produkt oder eine Dienstleistung zu verkaufen. Es beeinflusst die Art und Weise, wie Verkäufer mit Kunden interagieren, wie sie Herausforderungen begegnen und wie sie in ihrer Rolle wachsen. Ein motiviertes Verkaufsteam kann den Unterschied zwischen einem durchschnittlichen und einem herausragenden Geschäftsergebnis ausmachen. Daher ist es für Unternehmen von entscheidender Bedeutung, Anreize zu schaffen und eine Kultur zu pflegen, die die Motivation ihrer Verkäufer kontinuierlich fördert.

Ein hoher Grad an Motivation sowohl bei Kunden als auch bei Verkäufern kann zu verbesserten Geschäftsergebnissen führen. Hier sind einige Strategien, um die Motivation in beiden Gruppen zu steigern:

Für Kunden:

Verkaufspsychologie mit Magic Selling

Emotionale Ansprache: Erzählen Sie Geschichten und schaffen Sie Erfahrungen, die Kunden emotional berühren. Emotionen sind starke Motivatoren für Kaufentscheidungen.

Ein berühmter Ausspruch von Antonio Damasio, einem Neurowissenschaftler, besagt: "Wir treffen Entscheidungen aufgrund von Emotionen und rechtfertigen sie mit Logik." Untersuchungen haben gezeigt, dass emotionale Reaktionen auf eine Werbung doppelt so wahrscheinlich Verbraucherverhalten beeinflussen als der Inhalt der Werbung selbst.

"Es ist nicht das Unternehmen, das ein Produkt verkauft, sondern die Emotionen, die es beim Kunden weckt." – **Seth Godin**

Exklusive Angebote: Bieten Sie zeitlich begrenzte Angebote oder Zugang zu exklusiven Produkten an, um das Gefühl der Verknappung und somit die Kaufmotivation zu erhöhen.

Verkaufspsychologie mit Magic Selling

Kundenbindungsprogramme: Belohnungen oder Treuepunkte können Kunden dazu motivieren, wiederholt Geschäfte mit Ihnen zu machen.

Soziale Beweise: Zeigen Sie Bewertungen und Empfehlungen anderer Kunden. Wenn Menschen sehen, dass andere ein Produkt mögen oder verwenden, steigt ihre Motivation, es auch zu tun.

Interaktiver Content: Nutzen Sie Technologien wie Augmented Reality oder personalisierte Videos, um den Kunden ein einzigartiges Einkaufserlebnis zu bieten.

Die Grundlagen der Verkaufs-psychologie

In einer Welt, die von Produkten, Dienstleistungen und Marken überschwemmt wird, gewinnt derjenige die Aufmerksamkeit und Loyalität der Kunden, der nicht nur ein qualitativ hochwertiges Angebot hat, sondern auch die Kunst des "Verkaufens" beherrscht. Hierbei handelt es sich jedoch nicht um das einfache Austauschen von Waren gegen Geld, sondern um das Tiefenverständnis der menschlichen Psyche. Dies ist der Kern der Verkaufspsychologie.

Warum ist Verkaufspsychologie so wichtig?

Verkaufspsychologie mit Magic Selling

Der Kaufprozess ist tief in unserer Psyche verwurzelt und oft komplexer, als er auf den ersten Blick erscheint. Jede Kaufentscheidung ist das Ergebnis eines Zusammenspiels von Bedürfnissen, Wünschen, Emotionen, Wahrnehmungen und kognitiven Bewertungen. Wenn Verkäufer und Marketer diesen Prozess verstehen, können sie ihre Botschaften, Produkte und Dienstleistungen besser positionieren, um die gewünschten Reaktionen von ihren Zielgruppen zu erhalten.

Emotionale Verbindungen

Verkaufspsychologie mit Magic Selling

Einer der zentralen Grundsätze der Verkaufspsychologie ist die Erkenntnis, dass Menschen oft aus emotionalen Gründen kaufen und dann logische Gründe finden, um ihre Entscheidung zu rechtfertigen. Das bedeutet, dass erfolgreiche Verkäufer nicht nur die funktionalen Vorteile eines Produkts hervorheben, sondern auch emotionale Verbindungen zu ihren Kunden herstellen. Marken, die starke emotionale Bindungen aufbauen, erzielen nicht nur höhere Verkaufszahlen, sondern auch eine tiefere Kundenloyalität.

Prinzipien der Verkaufspsychologie

Einige der mächtigsten Prinzipien der Verkaufspsychologie sind universell und gelten unabhängig von Kultur oder Branche:

Verkaufspsychologie mit Magic Selling

Reziprozität: Das Bedürfnis, Freundlichkeit oder einen Gefallen zu erwidern, kann mächtig sein. Wenn Unternehmen ihren Kunden etwas von Wert geben, sei es ein Rabatt, ein Geschenk oder wertvolle Informationen, sind diese eher geneigt, im Gegenzug einen Kauf zu tätigen. Laut Dr. Robert Cialdini sind Menschen eher bereit, einer Bitte zuzustimmen, wenn sie das Gefühl haben, dass ihnen zuvor ein Gefallen getan wurde. Dies wurde durch zahlreiche Experimente, darunter das berühmte "Mint"-Experiment in Restaurants, untermauert.

Sozialer Beweis: Menschen neigen dazu, dem Verhalten der Mehrheit zu folgen. Wenn Verkäufer zeigen können, dass andere das Produkt kaufen und lieben, erhöht das die Wahrscheinlichkeit, dass neue Kunden dem Beispiel folgen. Laut Nielsen vertrauen 83% der Verbraucher Online-Bewertungen genauso wie persönlichen Empfehlungen.

Dringlichkeit und Knappheit: Wenn ein Produkt als begrenzt oder nur für kurze Zeit verfügbar wahrgenommen wird, steigt sein wahrgenommener Wert, und Kunden sind eher geneigt, schnell zu handeln.

Die Verkaufspsychologie ist nicht nur ein theoretisches Konzept, sondern ein entscheidendes Instrument für den Erfolg in der Geschäftswelt. In einer Zeit, in der Kunden über Informationen und Optionen verfügen wie nie zuvor, müssen Unternehmen über den reinen Produktwert hinausblicken und die tieferen psychologischen Treiber verstehen, die Kaufentscheidungen beeinflussen. Diejenigen, die die Kunst und Wissenschaft der Verkaufspsychologie beherrschen, sind besser positioniert, um in der heutigen wettbewerbsintensiven Landschaft erfolgreich zu sein.

Die Psychologie des Kaufverhaltens verstehen

Verkaufspsychologie mit Magic Selling

Das Kaufverhalten von Kunden zu verstehen, ist entscheidend für den Erfolg von Unternehmen. Es ermöglicht nicht nur eine bessere Produkt- und Dienstleistungsgestaltung, sondern hilft auch dabei, effektive Marketing- und Verkaufsstrategien zu entwickeln. Hinter jeder Kaufentscheidung steckt eine Fülle psychologischer Prozesse. Werfen wir einen Blick darauf:

1. Bedürfnis-Erkennung: Jeder Kaufprozess beginnt mit der Erkenntnis eines Bedürfnisses oder eines Problems. Dies kann ein tatsächliches Bedürfnis (z. B. Hunger) oder ein wahrgenommenes Bedürfnis (z. B. den Wunsch, zu den "Coolen" zu gehören) sein. Oder aber auch ein Shopping Erlebnis.

2. Suche nach Informationen: Einmal erkannt, beginnen die Kunden oft mit der Suche nach Lösungen. Hier spielen Markenbekanntheit, Mundpropaganda und Werbung eine entscheidende Rolle.

3. Bewertung von Alternativen: Kunden vergleichen Produkte oder Dienstleistungen oft, bevor sie eine Entscheidung treffen. Hierbei bewerten sie Faktoren wie Preis, Qualität, Markenimage und Bewertungen anderer Kunden.

4. Kaufentscheidung: Hier entscheidet sich der Kunde endgültig für ein Produkt oder eine Dienstleistung. Diese Entscheidung kann durch verschiedene Faktoren beeinflusst werden, wie z. B. Rabattangebote, Empfehlungen von Freunden oder sogar die Stimmung des Kunden. Laut einer Studie geben 48% der Verkaufsanfragen nach einem einzigen Follow-up auf. Allerdings benötigen 80% der erfolgreichen Verkäufe mindestens fünf Follow-ups.

5. Nach - kaufverhalten: Nach dem Kauf bewerten Kunden ihre Entscheidung. Wenn sie zufrieden sind, werden sie wahrscheinlich erneut bei der Marke kaufen und sie auch anderen empfehlen.

Psychologische Treiber des Kaufverhaltens:

Emotionale Faktoren: Gefühle und Emotionen spielen eine entscheidende Rolle. Werbemaßnahmen, die Emotionen auslösen (Freude, Angst, Nostalgie), können das Kaufverhalten beeinflussen.

Soziale Faktoren: Menschen werden stark von ihrem sozialen Umfeld beeinflusst. Trends, Meinungen von Freunden und Familie und sozialer Druck können die Kaufentscheidungen beeinflussen.

Kulturelle Faktoren: Kulturelle Normen und Werte bestimmen, was als wünschenswert oder akzeptabel angesehen wird.

Persönliche Faktoren: Jedes Individuum hat einzigartige Vorlieben, Meinungen und Erfahrungen, die ihre Kaufentscheidungen beeinflussen. Aber Schnelligkeit zahlt sich in jedem Fall aus.

Harvard Business Review fand heraus, dass Verkaufsteams, die innerhalb einer Stunde auf Anfragen antworteten, siebenmal wahrscheinlicher einen qualifizierten Lead erhielten als Teams, die zwei Stunden warteten. Die Wahrscheinlichkeit sank um 60-mal, wenn sie innerhalb von 24 Stunden antworteten.

Psychologische Heuristiken: Oft verwenden Kunden mentale "Abkürzungen" bei Entscheidungen. Zum Beispiel kann ein höherer Preis als Indikator für höhere Qualität wahrgenommen werden.

Neurologische Aspekte der Verkaufspsychologie

Verkaufspsychologie mit Magic Selling

In den letzten Jahrzehnten hat die Neurowissenschaft signifikante Fortschritte gemacht, die unser Verständnis darüber, wie das Gehirn Kaufentscheidungen trifft, revolutioniert haben. Die Verkaufspsychologie, welche menschliche Verhaltensweisen und Entscheidungsprozesse untersucht, hat durch die Einbindung neurologischer Erkenntnisse neue Dimensionen erreicht. Dieser Text befasst sich mit den neurologischen Aspekten, die das Kaufverhalten beeinflussen.

Das Belohnungssystem:

Das Belohnungssystem des Gehirns, insbesondere der Nucleus accumbens, spielt eine zentrale Rolle bei der Motivation und der Entscheidungsfindung. Produkte oder Dienstleistungen, die als wünschenswert wahrgenommen werden, aktivieren dieses System, wodurch Dopamin freigesetzt wird, ein Neurotransmitter, der mit Vergnügen und Belohnung in Verbindung gebracht wird.

Emotionale Prozesse im Verkauf:

Der Amygdala, ein Kerngebiet im Gehirn, ist entscheidend für die emotionale Reaktion. Positive emotionale Reaktionen auf ein Produkt oder eine Dienstleistung können das Kaufverhalten fördern, während negative Reaktionen es hemmen können. Eine starke emotionale Bindung zu einer Marke oder einem Produkt kann das Kaufverhalten oft stärker beeinflussen als rationale Überlegungen.

Der Präfrontale Kortex und rationale Entscheidungen:

Während der Amygdala Emotionen steuert, ist der präfrontale Kortex für höhere kognitive Funktionen und rationale Entscheidungsprozesse verantwortlich. Hier werden Informationen analysiert, verglichen und bewertet, um eine informierte Kaufentscheidung zu treffen.

Spiegelneurone und Empathie:

Spiegelneurone sind für das Verständnis und die Nachahmung von Verhaltensweisen anderer verantwortlich. Im Verkaufskontext können sie dazu beitragen, dass Kunden sich durch das Verhalten von Verkäufern oder durch Werbemaßnahmen angesprochen fühlen.

Die Rolle des sensorischen Gedächtnisses:

Das sensorische Gedächtnis spielt eine Schlüsselrolle bei der Verarbeitung von Informationen. Ansprechende visuelle, auditive oder taktile Reize können dazu beitragen, ein Produkt oder eine Dienstleistung im Gedächtnis des Konsumenten zu verankern.

Schlussfolgerung:

Verkaufspsychologie mit Magic Selling

Die Neurowissenschaft bietet faszinierende Einblicke in die Mechanismen des menschlichen Gehirns, die Kaufentscheidungen beeinflussen. Ein Verständnis dieser neurologischen Prozesse kann Marketern und Verkäufern helfen, effektivere Strategien zu entwickeln, um die Bedürfnisse und Wünsche ihrer Kunden besser zu erfüllen. Indem man sowohl die emotionalen als auch die rationalen Aspekte des Kaufprozesses berücksichtigt, kann man eine tiefere Verbindung zum Kunden herstellen und den Verkaufserfolg steigern.

Emotionen spielen eine entscheidende Rolle im Verkaufsprozess. Als Verkäufer müssen Sie verstehen, wie Emotionen das Kaufverhalten der Kunden beeinflussen und wie Sie diese Emotionen gezielt nutzen können, um Kunden zu gewinnen und zu überzeugen.

Verkaufspsychologie mit Magic Selling

Menschen treffen Kaufentscheidungen oft aufgrund von Emotionen und nicht aufgrund von rationalen Überlegungen. Emotionen wie Freude, Angst, Neugierde oder Vertrauen können das Verhalten eines Kunden stark beeinflussen. Indem Sie diese Emotionen ansprechen und positive Gefühle beim Kunden hervorrufen, können Sie das Interesse an Ihrem Produkt oder Ihrer Dienstleistung steigern.

Eine Möglichkeit, Emotionen im Verkaufsprozess zu nutzen, besteht darin, Geschichten zu erzählen. Geschichten haben die Fähigkeit, Emotionen zu wecken und eine Verbindung zum Kunden herzustellen. Erzählen Sie beispielsweise von Kunden, die durch den Einsatz Ihres Produkts ihr Leben verbessert haben. Oder berichten Sie von persönlichen Erfahrungen, die Ihre Leidenschaft für Ihr Angebot verdeutlichen. Durch solche Geschichten können Sie das Interesse und die Begeisterung des Kunden wecken.

Verkaufspsychologie mit Magic Selling

Auch nonverbale Kommunikation spielt eine wichtige Rolle bei der Emotionalisierung des Verkaufsprozesses. Ihre Körpersprache, Mimik und Gestik können starke emotionale Signale senden. Ein freundliches Lächeln, offene Gesten und eine aufrechte Körperhaltung können Vertrauen und Sympathie beim Kunden aufbauen. Achten Sie daher bewusst auf Ihre nonverbale Kommunikation und setzen Sie diese gezielt ein, um positive Emotionen beim Kunden zu erzeugen.

Neben der gezielten Aktivierung positiver Emotionen ist es auch wichtig, auf negative Emotionen einzugehen und diese zu lösen. Kunden können Bedenken, Ängste oder Zweifel haben, die sie vom Kauf abhalten. Indem Sie diese Emotionen ernst nehmen und einfühlsam darauf reagieren, können Sie Kunden beruhigen und Vertrauen aufbauen.

Insgesamt ist die Berücksichtigung der emotionalen Aspekte im Verkaufsprozess ein Schlüssel zum Erfolg. Indem Sie die Emotionen Ihrer Kunden verstehen, gezielt ansprechen und darauf eingehen, können Sie Kunden gewinnen und überzeugen. Seien Sie authentisch, erzählen Sie Geschichten, nutzen Sie nonverbale Kommunikation und nehmen Sie negative Emotionen ernst. Auf diese Weise werden Sie beim Verkaufen erfolgreicher sein und langfristige Kundenbeziehungen aufbauen.

Der Einfluss von Kommunikation und Körpersprache

Die Art und Weise, wie wir kommunizieren, hat einen entscheidenden Einfluss auf unseren Erfolg als Verkäufer. In der Welt des Verkaufs ist es von entscheidender Bedeutung, Kunden zu gewinnen und zu überzeugen. Eine effektive Kommunikation und Körpersprache spielen dabei eine zentrale Rolle.

Verkaufspsychologie mit Magic Selling

Kommunikation ist mehr als nur das gesprochene Wort. Sie umfasst auch nonverbale Signale wie Gestik, Mimik und Körperhaltung. Unsere Körpersprache kann oft mehr über unsere Absichten und Emotionen verraten als das, was wir tatsächlich sagen. Daher ist es wichtig, unsere Körpersprache bewusst einzusetzen, um Vertrauen aufzubauen und positive Kundenbeziehungen zu fördern.

Beim Verkaufen geht es darum, die Bedürfnisse und Wünsche des Kunden zu verstehen und auf sie einzugehen. Eine offene und empathische Kommunikation ermöglicht es uns, eine Verbindung herzustellen und das Vertrauen des Kunden zu gewinnen. Indem wir aktiv zuhören und aufmerksam reagieren, zeigen wir dem Kunden, dass wir seine Anliegen ernst nehmen und bereit sind, Lösungen anzubieten.

Darüber hinaus kann eine positive Körpersprache das Vertrauen stärken und den Eindruck von Professionalität vermitteln. Eine aufrechte Körperhaltung, ein freundliches Lächeln und Blickkontakt sind einfache, aber wirkungsvolle Elemente, um Sympathie und Glaubwürdigkeit zu erzeugen.

Ein weiterer wichtiger Aspekt der Kommunikation ist die Verwendung der richtigen Sprache. Wir sollten unsere Botschaften klar und verständlich formulieren und uns an die Sprache des Kunden anpassen. Fachjargon oder zu komplizierte Ausdrücke können abschreckend wirken und das Verständnis erschweren. Es ist von großer Bedeutung, dass wir die Sprache des Kunden sprechen, um eine effektive Kommunikation zu gewährleisten.

Insgesamt ist der Einfluss von Kommunikation und Körpersprache im Verkaufsbereich nicht zu unterschätzen. Eine bewusste und professionelle Kommunikation ermöglicht es uns, Kunden zu gewinnen und zu überzeugen. Indem wir auf unsere Körpersprache achten, Sympathie erzeugen und die richtige Sprache verwenden, können wir effektive Verkaufsgespräche führen und langfristige Kundenbeziehungen aufbauen.

Die Kunst des Kundenkontakts
Die Magie der ersten Eindrücke:

Wie Sie innerhalb von Sekunden eine starke Verbindung zum Kunden herstellen.

Verkaufspsychologie mit Magic Selling

Das alte Sprichwort besagt: "Man hat keine zweite Chance, einen ersten Eindruck zu hinterlassen." Im Kontext des Verkaufs ist diese Weisheit von unschätzbarem Wert. Kunden bilden innerhalb von Sekunden, oft unbewusst, eine Meinung über einen Verkäufer, ein Produkt oder eine Dienstleistung. Die Fähigkeit, in diesen entscheidenden Momenten eine positive und unvergessliche Verbindung herzustellen, kann den Unterschied zwischen einem erfolgreichen Geschäft und einem verpassten Verkauf bedeuten.

1. Vorbereitung ist der Schlüssel: Bevor Sie überhaupt mit einem Kunden interagieren, sollten Sie gut vorbereitet sein. Das bedeutet nicht nur, alles über Ihr Produkt zu wissen, sondern auch sich selbst in den besten Zustand zu versetzen – physisch, emotional und mental.

2. Offene Körpersprache: Eine offene Körpersprache, die Selbstbewusstsein und Empfänglichkeit ausstrahlt, ist entscheidend. Das bedeutet Augenkontakt, ein ehrliches Lächeln und eine Körperhaltung, die Bereitschaft und Interesse signalisiert.

3. Aktives Zuhören: Hören Sie Ihrem Kunden wirklich zu. Dies zeigt, dass Sie sich um seine Bedürfnisse und Wünsche kümmern. Oftmals gibt der Kunde, selbst wenn er nur wenig sagt, wertvolle Hinweise darauf, was er sucht oder braucht.

4. Authentizität: Versuchen Sie nicht, eine Rolle zu spielen oder jemand anderes zu sein. Kunden erkennen und schätzen Authentizität. Wenn Sie echt sind, wird das Vertrauen fast automatisch aufgebaut.

5. Stellen Sie Fragen: Zeigen Sie echtes Interesse, indem Sie offene Fragen stellen. Dies zeigt nicht nur, dass Sie zuhören, sondern auch, dass Sie sich darum bemühen, den Kunden wirklich zu verstehen. (Die Magic Question)

6. Positive Energie ausstrahlen: Energie ist ansteckend. Wenn Sie eine positive, dynamische Energie ausstrahlen, wird sich Ihr Kunde wahrscheinlich entspannter und offener fühlen.

7. Kleidung und Erscheinungsbild: Es mag oberflächlich erscheinen, aber Ihr äußeres Erscheinungsbild spielt eine Rolle. Die richtige Kleidung und Pflege kann Professionalität und Respekt signalisieren.

Die Farbe der Kleidung, die ein Verkäufer trägt, kann einen beträchtlichen Einfluss auf die Kundenwahrnehmung und die Effektivität des Verkaufsgesprächs haben. Farben lösen auf psychologischer Ebene bestimmte Assoziationen und Gefühle aus. Ein kluger Einsatz dieser Kenntnisse kann die Beziehung zwischen Verkäufer und Kunde positiv beeinflussen.

Hier eine Übersicht über einige Farben und die damit verbundenen Assoziationen im Kontext von Verkauf und Geschäft:

Blau: Oft mit Vertrauen, Stabilität und Ruhe verbunden. Es ist keine aufdringliche Farbe und kann beim Kunden ein Gefühl von Sicherheit und Zuverlässigkeit hervorrufen. Blau ist eine häufig gewählte Farbe für Geschäftskleidung und besonders geeignet für den Verkauf von High-End-Produkten oder Dienstleistungen.

Schwarz: Diese Farbe strahlt Professionalität, Eleganz und Luxus aus. Schwarz kann jedoch auch als zu formell oder distanziert wahrgenommen werden, je nach Art des Verkaufsgesprächs und des Kunden.

Weiß: Reinheit, Einfachheit und Klarheit. Ein weißes Hemd oder eine weiße Bluse ist oft Teil der klassischen Geschäftskleidung und lässt den Verkäufer ordentlich und professionell erscheinen.

Rot: Eine kraftvolle Farbe, die Energie, Leidenschaft und Handlung symbolisiert. In kleinen Mengen (z. B. eine rote Krawatte) kann sie positiv wirken, aber ein zu viel an Rot kann als aggressiv oder überwältigend empfunden werden.

Grün: Steht für Wachstum, Frische und Kreativität. Es könnte besonders effektiv sein, wenn Sie umweltfreundliche Produkte oder Dienstleistungen verkaufen.

Grau: Neutral und ausgewogen. Es wird oft in Geschäftskleidung verwendet, da es Professionalität ohne Strenge ausstrahlt.

Lila: Diese Farbe wird oft mit Luxus, Kreativität und Weisheit in Verbindung gebracht. Sie könnte für innovative Produkte oder Dienstleistungen geeignet sein.

Braun: Erdfarben wie Braun können Wärme, Zuverlässigkeit und Bodenständigkeit vermitteln.

Verkaufspsychologie mit Magic Selling

Es ist auch wichtig zu bedenken, dass die Farbwahl je nach Branche, Unternehmensimage und dem zu verkaufenden Produkt oder der Dienstleistung variieren sollte. Zum Beispiel könnte ein Verkäufer von umweltfreundlichen Produkten grüne Kleidung tragen, um die Botschaft der Nachhaltigkeit zu vermitteln, während ein Finanzberater sich vielleicht für ein traditionelles Blau oder Grau entscheidet, um Vertrauen und Professionalität zu signalisieren.

Zusätzlich zur Farbpsychologie spielen auch andere Faktoren wie Schnitt, Stil, Sauberkeit und Passform der Kleidung eine Rolle dabei, wie ein Verkäufer von Kunden wahrgenommen wird. Es ist daher wichtig, das Gesamtbild zu berücksichtigen und die Kleidung an die jeweilige Verkaufssituation und Zielgruppe anzupassen.

85% der Konsumenten geben an, dass die Farbe eines Produktes ein Hauptfaktor für ihren Kauf ist.

Verkaufspsychologie mit Magic Selling

Insgesamt kann ein positiver erster Eindruck den gesamten Verkaufsprozess beeinflussen. Kunden, die einen Verkäufer als freundlich, kompetent und vertrauenswürdig wahrnehmen, sind eher bereit, mit ihm zusammenzuarbeiten und seine Produkte oder Dienstleistungen zu kaufen. Daher sollten Verkäufer bewusst daran arbeiten, einen positiven ersten Eindruck zu hinterlassen, um den Erfolg ihrer Verkaufsgespräche zu steigern.

Untersuchungen haben gezeigt, dass es nur 7 Sekunden dauert, um einen ersten Eindruck zu hinterlassen. Das betont die Bedeutung des ersten Kontakts im Verkaufsprozess.

"Gedanken lesen" im Kontext des Verkaufs bezieht sich in der Regel nicht auf übernatürliche Fähigkeiten, sondern auf die Fähigkeit eines Verkäufers, durch Beobachtung, Intuition und aktives Zuhören die Bedürfnisse, Wünsche und Einwände eines Kunden präzise zu interpretieren. Während echtes Gedankenlesen unmöglich ist, kann ein guter Verkäufer oft vorhersagen oder "lesen", was ein Kunde denkt oder fühlt, basierend auf dessen verbaler und nonverbaler Kommunikation.

Gedanken lesen durch Beobachtung und Intuition

Nonverbale Hinweise: Ein aufmerksamer Verkäufer wird die Körpersprache des Kunden beobachten. Zum Beispiel kann Unruhe oder häufiger Blickkontakt ein Zeichen von Interesse sein, während verschränkte Arme Skepsis ausdrücken können.

Gesichtsausdrücke: Diese können Aufschluss darüber geben, ob der Kunde mit dem, was vorgeschlagen wird, zufrieden ist, ob er verwirrt ist oder ob er Einwände hat.

Tonfall: Der Tonfall kann oft mehr über die wahren Gefühle eines Kunden verraten als die tatsächlichen Worte, die er verwendet.

Aktives Zuhören

Aktives Zuhören ist ein Schlüsselelement, um "Gedanken zu lesen". Es bedeutet, vollständig konzentriert, aufmerksam und reaktionsschnell auf den Sprecher zu sein.

Wiederholen und Bestätigen: Ein effektiver Weg, um sicherzustellen, dass man den Kunden verstanden hat, ist, das Gesagte in eigenen Worten zu wiederholen und um Bestätigung zu bitten.

Fragen stellen: Wenn etwas unklar ist, sollte der Verkäufer nicht zögern, nachzufragen. Dies zeigt dem Kunden auch, dass man wirklich an seinem Standpunkt interessiert ist.

Nicht unterbrechen: Es ist wichtig, dem Kunden die Möglichkeit zu geben, seine Gedanken und Gefühle vollständig auszudrücken, bevor man reagiert.

Verbal und nonverbal reagieren: Nicken, Augenkontakt halten und bestätigende Laute ("mhm", "verstehe", "ja") können dem Sprecher zeigen, dass man ihm Aufmerksamkeit schenkt.

Zusammenführen von Beobachtung und aktivem Zuhören

Durch die Kombination von Beobachtung und aktivem Zuhören kann ein Verkäufer eine tiefe Verbindung zum Kunden herstellen und besser auf seine Bedürfnisse eingehen. Wenn man beispielsweise bemerkt, dass ein Kunde bei der Erwähnung eines bestimmten Preises zögert, könnte man nachfragen, ob es Bedenken hinsichtlich des Wertes des Produkts oder Dienstleistung gibt. Indem man diese "Gedanken liest" und direkt darauf eingeht, kann man Einwände ausräumen und den Kunden näher zum Kauf führen.

Abschließend sollte betont werden, dass "Gedanken lesen" im Verkauf auf Respekt und echtem Interesse am Kunden basieren sollte. Es geht nicht darum, Manipulationstechniken zu verwenden, sondern darum, eine ehrliche und produktive Beziehung zu pflegen.

"Wer fragt, der führt"

ist ein bekanntes Sprichwort im Verkaufs- und Kommunikationsbereich. Es betont die Macht von Fragen, um ein Gespräch zu steuern, Informationen zu gewinnen und Einfluss auf die Gedanken und Gefühle des Gesprächspartners zu nehmen.

Wieso ist Fragen so wirkungsvoll?

Informationsgewinnung: Durch Fragen kann man detaillierte Informationen, Bedürfnisse, Wünsche, Bedenken oder Probleme des Gesprächspartners herausfinden.

Richtung des Gesprächs: Wer fragt, kann die Richtung des Gesprächs bestimmen. Zum Beispiel kann ein Verkäufer durch gezielte Fragen den Kunden dazu bringen, über bestimmte Aspekte eines Produkts nachzudenken.

Engagement: Fragen fordern eine Antwort. Dadurch bleibt der Gesprächspartner engagiert und beteiligt sich aktiv am Gespräch.

Reflexion: Gute Fragen können den Gesprächspartner dazu anregen, über seine eigene Situation, seine Bedürfnisse oder seine Meinungen nachzudenken.

Aufbau von Beziehungen: Zeigen Sie durch Fragen, dass Sie am Gesprächspartner interessiert sind, können Sie Vertrauen und eine stärkere Beziehung aufbauen.

Wie kann man diese Technik im Verkauf anwenden?

Bedürfnisanalyse: Stellen Sie Fragen, um herauszufinden, was der Kunde wirklich braucht oder möchte. Zum Beispiel: "Was ist Ihnen bei einem Produkt dieser Art am wichtigsten?"

Einwände herausfinden: Wenn ein Kunde zögert, können Fragen dazu beitragen, versteckte Einwände oder Bedenken aufzudecken. "Gibt es spezielle Bedenken, die Sie daran hindern, eine Entscheidung zu treffen?"

Schließen: Sobald Sie genug Informationen haben, können Sie Fragen verwenden, um den Verkauf abzuschließen. "Wenn ich Ihnen einen Rabatt anbieten könnte, würden Sie dann heute kaufen?"

Feedback: Nach dem Verkauf können Fragen dazu beitragen, Feedback zu erhalten und die Beziehung zum Kunden zu stärken. "Wie zufrieden sind Sie mit Ihrem Kauf?"

Das Konzept „Wer fragt, der führt" betont die aktive Rolle des Fragestellers im Kommunikationsprozess. Indem man Fragen stellt, kann man nicht nur das Gespräch steuern, sondern auch tiefergehende Einblicke in den Gesprächspartner gewinnen und effektiver auf seine Bedürfnisse eingehen.

Da ich schon seit Jahren mit dem Thema befasse, wie man den Menschen das Verkaufen leichter machen kann, habe ich mich auf die Suche gemacht, ob man denn Menschen vielleicht irgendwie »umdrehen« könnte. Wie schafft man es, einem Kunden das eigene Kaufmotiv so vor Augen zu führen, dass er sich selbst für den Kauf begeistern kann?

Das ist »Magic Selling«

Verkaufspsychologie mit Magic Selling

Durch Zufall bin auf eine sehr effektive Therapieform gestoßen, die »lösungsorientierte Kurztherapie« heißt. Zuerst wurde ich durch ihre hervorragende Wirksamkeit auf sie aufmerksam: Eine Therapie, die in drei Sitzungen das bringt, was andere Therapieformen erst in sechzig oder mehr Sitzungen erreichen, muss höchst interessant sein.

Doch zuerst gilt es eine bestimmte innere Haltung aufzubauen.

Magic Selling erfordert grundsätzlich eine ganz bestimmte innere Haltung, die am Anfang wohl gerade den professionellsten Verkäufern möglicherweise etwas schwerfallen wird – nicht deswegen, weil sie etwas Neues lernen sollen, sondern im Gegenteil, sie müssen etwas Gewohntes »verlernen«, sie müssen ein bestimmtes, viele Male eingeübtes Denkmuster plötzlich bewusst aufgeben.

Genauer: Sie müssen zwar offen auf den Kunden zugehen, dürfen dabei aber nicht werten und sollten möglichst keine Vorurteile entwickeln.

Es geht in Gegenteil darum, wieder seine natürliche Neugierde zu entwickeln, wie den dieser Kunde denkt, wonach er *wirklich* sucht, sowie nach der Schlüsselfrage: »was ist ihm wirklich wirklich wichtig?«

Die Macht der Empathie im Verkaufsprozess

Empathie ist die Fähigkeit, sich in die Gedanken, Gefühle und Perspektiven einer anderen Person hineinzuversetzen. Im Verkaufsprozess spielt Empathie eine entscheidende Rolle, da sie dazu beiträgt, Vertrauen aufzubauen, die Kundenbedürfnisse zu verstehen und langfristige Beziehungen zu pflegen. Ein empathischer Verkäufer kann effektiver kommunizieren, mögliche Einwände besser adressieren und somit erfolgreicher verkaufen.

"Vertrauen ist das wichtigste Verkaufswerkzeug. Es übertrumpft fast alles andere." – **Jill Konrath**

Warum ist Empathie im Verkaufsprozess so wichtig?

Vertrauensaufbau: Kunden neigen dazu, Verkäufern zu vertrauen, die sie als verständnisvoll und auf ihre Bedürfnisse eingehend wahrnehmen.

Bedürfnisanalyse: Ein empathischer Verkäufer kann die ausgesprochenen und unausgesprochenen Bedürfnisse und Wünsche des Kunden besser identifizieren.

Einwände behandeln: Wenn ein Verkäufer versteht, woher Einwände kommen und wie der Kunde sich fühlt, kann er diese Einwände effektiver behandeln und ausräumen.

Langlebige Beziehungen: Empathie kann helfen, langfristige Kundenbeziehungen aufzubauen, die über den ursprünglichen Verkauf hinausgehen.

Wie kann Empathie im Verkaufsprozess gefördert werden?

Aktives Zuhören: Hören Sie dem Kunden wirklich zu, ohne ihn zu unterbrechen, und achten Sie auf verbale und nonverbale Hinweise.

Offene Fragen stellen: Fragen Sie nach Gefühlen, Meinungen und Bedenken des Kunden, um ein tieferes Verständnis zu erlangen.

Perspektivenwechsel: Versuchen Sie, sich in die Lage des Kunden zu versetzen. Was sind seine Bedürfnisse, Sorgen und Wünsche?

Authentische Reaktionen: Zeigen Sie ehrliches Interesse und Sorge um die Bedürfnisse und Gefühle des Kunden.

Empathische Sprache nutzen: Verwenden Sie Phrasen wie "Ich verstehe, wie Sie sich fühlen" oder "Das klingt wirklich herausfordernd" um Empathie zu zeigen.

Feedback einholen: Fragen Sie den Kunden nach seiner Meinung und seinen Gefühlen während des Verkaufsprozesses.

Kontinuierliche Selbstreflexion: Reflektieren Sie regelmäßig Ihre eigenen Verhaltensweisen und Reaktionen im Verkaufsgespräch, um ständig zu lernen und sich zu verbessern.

Empathie ist nicht nur eine Taktik oder Technik, die man im Verkaufsprozess anwenden kann; es ist eine Grundhaltung, die zeigt, dass man den Kunden als Individuum wertschätzt. In einer Zeit, in der viele Verkaufserlebnisse automatisiert und unpersönlich sind, kann echte Empathie einen entscheidenden Unterschied machen und dazu beitragen, dass Kunden sich geschätzt, verstanden und betreut fühlen.

Bloß nicht bewerten!

Verkaufspsychologie mit Magic Selling

Bisher filterte jeder Verkäufer alles, was ein Kunde sagt, durch seinen eigenen Bezugsrahmen. Er »übersetzte« dabei die Wünsche des Kunden in seine eigene Begriffswelt. Wenn der Kunde also sagt: »ein gutes Gerät« so übersetzt er dies in: »ein dauerhaftes und solides Marken-Gerät, meist in der gehobenen Preisklasse, keine Ramsch-Marken«, usw.

Dieser »Bezugsrahmen« wird geprägt durch *unsere* Erfahrungen und *unsere* Überzeugungen. Es ist eine hohe Kunst, diesen Rahmen auszuschalten und mit echter Neugierde den Bezugsrahmen (Wertehaltung, Normen, Glaubenssätze) des Kunden zu erforschen. Denn damit bauen Sie automatisch Vertrauen auf, und der Kunde fühlt sich wirklich verstanden – er baut augenblicklich seine Barrieren ab.

Also hören sie zuerst nur ganz genau zu, wer und was dem Kunden wichtig ist. Dadurch bekommen sie eine Vorstellung, was der Kunde schätzt, wie er sich sieht und was er erreichen möchte.

Dazu bedarf es auch der „wertfreien Kommunikation". Haben viele Verkäufer bereits gelernt, nicht mehr über die Mitbewerber herzuziehen, so wird es in Zukunft auch notwendig sein, wertfrei gegenüber Menschen zu kommunizieren. Damit baut das Unterbewusstsein Vertrauen auf.

Respekt

Alle Menschen spüren stets, ob sie respektiert werden oder nicht. Und vor allem: Jeder Ihrer Kunden spürt es.

Durch Ihre Sprache, Ihre Körperhaltung, Ihren Augenkontakt usw. erkennen Menschen, ob Sie sie achten. Durch Ihren Blick verraten Sie ihnen, ob sie urteilen oder werten. Durch ihre Gestik zeigen Sie Offenheit oder Verschlossenheit.

Nachfolgend einige natürlichen Regeln aus der Systemik für den höheren Umgang miteinander:

Respekt

vor der Wirklichkeit jedes Einzelnen

im Geben und Nehmen

vor dem Älteren

vor der Kompetenz

vor dem Höheren

Nicht werten

Wenn Sie sich die Geschichte des Kunden anhören, dann vermeiden sie es unbedingt, sie zu bewerten. Denn es stört sie beim Zuhören. Insbesondere deswegen, weil Sie dabei dem Kunden nicht mehr zuhören. Sie lassen stattdessen Ihre Gedanken wandern und denken vielleicht »Das ist ein ähnlicher Typ wie der komische Kauz vorige Woche. Der drückte sich auch so umständlich aus, und dann wollte er bloß ein paar aufladbare Batterien haben...« – und schon haben Sie die beiden letzten Sätze dieses Kunden verpasst, weil Sie an etwas anderes gedacht haben. Sie haben gewertet! Weiters spürt das Unterbewusstsein des Anderen, durch eine wertende Kommunikation, dass sie ihn nicht respektieren, und wird automatisch eine Gegenposition einnehmen.

Wer ist der Experte?

Aber das Bewerten birgt noch eine viel gefährlichere Falle in sich, die Ihre gesamte Bemühung zerstören kann. Denn Sie sind – Zu Recht – gewohnt, in Ihrem Bereich als »Experte« zu gelten. Nicht nur im Beruf, sondern auch im privaten Umkreis werden Sie regelmäßig zu diesem Thema befragt, vielleicht sogar allzu oft. Und natürlich haben Sie Ihr Fachwissen und Ihre Erfahrung, auf die sie bei solchen Fragen gerne zurückgreifen. Aber eine Rolle ist dabei immer festgelegt: *Sie* sind der Experte, und *die anderen* sind die Fragesteller.

Und genau diese Rolle des »Experten« müssen Sie nun für einige Minuten völlig aufgeben!

Das Zurücknehmen der eigenen Experten-Rolle (nur für einige Minuten) ist ein ganz wesentlicher, unverzichtbarer Teil von *Magic Selling*, und wer das nicht kann (oder besser: nicht will), sollte besser nicht weiter zu lesen.

Alle anderen Leser(innen) bitte ich nur um einige Minuten Geduld. Sie werden Ihre Experten-Rolle im weiteren Verlauf des Kundengespräches gleich wieder bekommen – wenn es um die *Lösungen* geht. Doch zuvor reden wir über die *Probleme* des Kunden. Denn erst wenn wir diese erfasst haben, können wir über Lösungen reden – und dafür sind *Sie* der Experte. Seine eigenen Probleme dagegen kann uns nur *der Kunde selbst* darlegen.

Es ist natürlich nicht notwendig, dem Kunden gegenüber von »Problemen« zu sprechen, er würde dadurch vielleicht verschreckt; schließlich klingt dies schon fast nach einer Untersuchung beim Psychiater. Aber trotzdem müssen wir als erstes herausfinden, *was der Kunde in dieser Ware eigentlich sieht*. Erst dann können wir ihm wirklich ganz genau *das für ihn passende Produkt* verkaufen. Und dann wird er dieses Produkt auch gerne kaufen wollen.

Nicht (ver.-) urteilen

Verkaufspsychologie mit Magic Selling

Ein großer Fehler ist es dabei auch, einen Menschen aufgrund seines Aussehens, seiner Kleidung usw. zu beurteilen und in eine Schublade zu stecken. Sie kennen seine Hintergründe nicht. Und vor allem kennen Sie nicht sein Bankkonto. Sie wissen nicht, ob er immer in so abgerissenen Jeans herumläuft, oder ob er gerade seine Luxusjacht eigenhändig abgeschliffen (oder den Keller seine Luxusvilla eigenhändig ausgeräumt) hat – vielleicht nur als aktive und sportliche Abwechslung zu seinem sitzenden Bürojob.

Und noch ein Denkfehler wäre uns hier passiert: Wenn jemand sich in der Rolle eines Menschen sieht, der ebenso eine teure Uhr (oder was auch immer) trägt, dann wird er sich diese Uhr irgendwann auch leisten – auch wenn er dafür jahrelang sparen muss. Er wird eben *darauf* sparen – wie ein anderer auf eine Traumreise, auf seinen Traumwagen oder auf ein Eigenheim. Denn dann ist die Erfüllung dieser Rolle sein ganz großer Wunsch.

Keine Schnellschuss-Lösungen!

Als *Magic Seller* treten sie einem Kunden in dieser ersten Phase immer mit der Haltung des interessierten Nicht-Wissens entgegen. Das heißt: sie stellen ihren eigenen Bezugsrahmen zur Seite, und konzentrieren sich voll auf den Bezugsrahmen des Kunden.

Diese Haltung des »Nicht -Wissens« ist sehr schwierig und erfordert einiges an Training. Aber sie bringt einen großen, entscheidenden Vorteil: jetzt wird es Ihnen möglich sein, jedem Kunden wirklich die ganze Zeit über genau zuzuhören. Dabei können Sie gerne die Stichworte notieren, mit denen der Kunde seine Wünsche beschreibt. Und dadurch erkennen Sie seine Motive und seinen Bezugsrahmen, in dem er sich geistig bewegt.

Die Motivation des Kunden zu stärken, bedeutet aber nicht, den Widerstand des Kunden zu brechen. Es ist kein Kampf, sondern vielmehr heißt es, den Kunden zur *lösungsorientierten Konversation* einzuladen.

Natürliche Empathie

„Urteile nie über einen anderen, bevor Du nicht einen Mond lang in seinen Mokassins gegangen bist" (indianische Weisheit).

Sie erfahren durch dieses Interview, wie dieser Kunde denkt, handelt und fühlt – und auch, in welcher Rolle er sich als Besitzer eines solchen Produkts sieht. Und damit können wir den Bezugsrahmen (Wertehaltung, Normen, Glaubenssätze) des Kunden verstehen.

Das heißt vielleicht auch, man muss die Geschichte dieses Kunden *fühlen können* und sich von ihr *bewegen lassen*. Das heißt vielleicht sogar, »*die Dinge mit dem Herzen verstehen*«. Und dazu sind auch empathische Aussagen notwendig.

Aber all dies lohnt sich, denn Forschungsergebnisse bestätigen, dass Empathie im direkten Zusammenhang mit der Beziehungs- und Beratungszufriedenheit des Kunden steht. Wissendes Nicken, Paraphrasierungen (siehe unten), Zusammenfassen, respektvolles Schweigen, richtiger Tonfall usw. – das sind alles Möglichkeiten, dem Kunden Empathie und Verständnis zu signalisieren.

„Empowerment follows diction"

(Handlungsfähigkeit folgt dem Sprachmuster)

Das bedeutet, dass jemand nur dann kaufen kann, wenn er in *Lösungen* denkt und auch spricht.

Doch so weit sind wir jetzt noch nicht. Wir haben erst den ersten Teil der Strecke hinter uns, indem wir die Rolle des Kunden ausgeforscht haben – jene Rolle, in der er sich beim Besitzen dieses Produktes sieht.

Ihre Aufgabe im *Magic Selling* ist es daher ihren Kunden soweit zu bringen, dass er ihr Produkt *als seine Lösung erkennt* und dies auch *selbst zum Ausdruck bringt.*

Sind Sie nicht in der Lage, einen Kunden von seinem *Problemdenken* zum *Lösungsdenken* zu führen, so wird er auch nicht kaufen; er wird *nicht handeln können.*

Lösungssprache

Verkaufspsychologie mit Magic Selling

Lösungssprache dreht sich um das, was ein Kunde kaufen möchte, und welche Möglichkeiten bestehen, es auch zu tun. Viele Menschen sprechen vor allem in der *Problemsprache*, sie beteiligen sich allerdings an der *Lösungssprache*, wenn Sie sie dahinführen.

Dann wird das »Kaufen können« eine Frage der Wahrnehmung, die verstärkt wird, sobald Ihre Kunden in der *Lösungssprache* sprechen.

Und wenn sie nun im zweiten Teil des Kundengespräches mit Kunden *lösungsorientiert* arbeiten, müssen sie hart daran arbeiten, alles an Lösungssprache, was der Kunde ihnen bietet, anzunehmen und zu erweitern!

Normalisieren

Es gibt kein »perfektes Produkt«. Immer wieder treten Störungen auf, die den Kunden zwar verunsichern, und emotional bewegen, die aber durchaus normal sind. »Normalisieren« ist dabei eine Reaktion auf die Problemsprache. Man fragt sich gemeinsam mit dem Kunden, ob die aufgetretenen Probleme nicht ohnehin innerhalb der Bandbreite der üblichen Toleranz liegen. Eine Frage wäre zum Beispiel: Wie normal (oder ungewöhnlich) sind denn diese Schwierigkeiten?

Magic Selling

"Die Menschen kaufen keine Waren und Dienstleistungen. Sie kaufen Beziehungen, Geschichten und Magie." – **Seth Godin**

Beim Magic Selling bauen wir darauf auf, dass der Kunde der Experte ist für alles, was er will. Wir konzentrieren uns vor allem auf seinen Bezugsrahmen, denn dadurch verschwindet sein Widerstand!

Ein Ressource voller Zustand?

Sie kennen sicher Personen, die es schaffen, Sie innerhalb kürzester Zeit in einen »positiven« Zustand zu bringen. Dies kostet aber diese andere Person auf Dauer sehr viel Energie.

Als Verkäufer sollten sie diese Fähigkeit haben, einen Kunden begeistern zu können. Dafür sind Sie dann jeden Abend abgespannt, müde und »ausgepowert«. Sie haben schließlich ihre Ressourcen den ganzen Tag über an die Kunden weitergegeben. Insbesondere wenn Sie sich ständig nur an den *Problemen der Kunden* orientieren, bauen Sie selbst Mauern auf, die sie anschließend wieder einschlagen müssen.

Aber es gibt einen Ausweg: konzentrieren sie sich vor allem auf das »Empowerment« (Können) und auf die *Stärken der Kunden*, und *überlassen sie es den Kunden, sich selbst zu begeistern.*

Die Fragetechnik

Verkaufspsychologie mit Magic Selling

Dies erfordert eine ganz spezielle Fragetechnik, die ich ihnen im Weiteren vorstellen werde. Dabei geht es um zwei nützliche Aktivitäten:

um die Entwicklung eines wohlformulierten Kaufziels innerhalb des Bezugsrahmens des Kunden, und

um die Entwicklung eines Ressource vollen Zustands, in dem der Kunde auch »ja« sagen kann, und in dem er sich stark genug fühlt, um eine Kaufentscheidung zu treffen.

Beachten Sie:

Jeder Mensch hat Stärken

Die Motivation steigt durch
Betonung dieser Stärken

Jeder Mensch hat Ressourcen,
auch wenn er es nicht zugibt.

Small Talk

Wie immer beginnt ein Verkaufsgespräch mit etwas Small Talk. Dabei versuchen wir auf jeden Fall immer, sofort eine Atmosphäre des Respekts und des »Empowerment« zu schaffen. Der Kunde soll sich respektiert und anerkannt fühlen. Typisch wären dafür beispielsweise persönliche Fragen:

Wie war ihr Tag, wie geht's der Familie usw.

Auch Anerkennungen oder Komplimente können Sie dabei einfließen lassen, beispielsweise mit positiven Worten zur Kleidung, zum Haus, zur Person usw.

Die Einstiegsfrage

Sie lautet ganz einfach:

Wobei darf/kann ich Ihnen helfen?

Sie geben mit dieser Frage dem Kunden die Möglichkeit, sein Problem zu beschreiben. Und bei dem, was der Kunde uns antwortet. hören wir respektvoll zu – ohne zu werten, aber mit Neugierde, um den Bezugsrahmen des Kunden zu erforschen.

Welche Worte, welche Formulierungen verwendet er? Wenn sie können, notieren sie die Worte des Kunden.

Trotz offensichtlicher Ähnlichkeit mit anderen Verkaufsmethoden, besteht ein gravierender Unterschied im Magic Selling. Wir vergeuden hier weder Zeit noch Anstrengung, sondern denken bereits nach, wie wir die Konversation dorthin führen können, dass wir nicht mehr über Probleme reden, sondern über Lösungen.

Aktives Zuhören

Formulieren sie Ihre nächste Frage aus der letzten oder früheren Antwort des Kunden. Sie arbeiten damit »automatisch« innerhalb des Bezugsrahmens dieses Kunden.

Sie brauchen so viele Details wie nur möglich; wer, was, wann, wo und wie Fragen. (Offene Fragen)

Benutzen sie die Sprache des Kunden. Geben sie seine Schlüsselworte wieder. Diese werden öfters wiederholt und sind (für ihn) vor allem emotional besetzt.

Sie müssen aber sowohl Inhalt als auch den Prozess der Kommunikation mit dem Kunden erfassen.

Paraphrasieren und Zusammenfassen

Paraphrasieren heißt zurückmelden von dem, was gerade gesagt wurde. Sie sind kürzer als Zusammenfassungen und unterbrechen den Kunden in seinem Gedankengang daher nicht. Sie zeigen ihm dadurch, dass sie wirklich hören was er sagt. Und er kann korrigieren was sie falsch verstanden haben.

Nonverbales Verhalten

Achten Sie auf das nonverbale Verhalten des Kunden. Mimik, Gestik, Tonfall, Sprechgeschwindigkeit, Haltung, Blickkontakt usw.

Und spiegeln sie es!

Was hat der Kunde schon gesehen?

Um herauszufinden was der Kunde alles schon gesehen hat, stellt man einfach diese Frage.

Sie vermitteln dadurch die Botschaft, dass sie ihn für kompetent halten.

Magic Question

Nachdem sie etwas Small Talk gemacht haben, und durch zusammenfassen und spiegeln Vertrauen aufgebaut haben, können sie die Magic Question stellen:

Wichtig ist nachfolgende Einleitung:

Verkaufspsychologie mit Magic Selling

Ich möchte Ihnen jetzt eine etwas ungewöhnliche/außergewöhnliche Frage stellen: Nehmen wir an sie bekommen Morgen das Produkt per Post oder Paketdienst zugestellt, und sie machen das Paket auf, woran würden sie erkennen, dass es das richtige ist?

Damit geben sie dem Kunden die Möglichkeit sich schon einmal vorzustellen, wie es sein wird, wenn er das Produkt in Händen hält, und stärken damit seine Begeisterung und Motivation. Außerdem kommt er von einer vagen Vorstellung, zu einem präziseren Bild von dem Produkt was er möchte.

Das heißt wir erarbeiten zuerst eine Vorstellung davon was er haben möchte, um danach überzugehen sie Wirklichkeit werden zu lassen.

Um zu einer noch detaillierteren Vorstellung zu kommen fragen sie nach:

Was noch; und immer wieder die „Magic Question".

Weiters zukunftsorientierte Formulierungen wie, was wäre anders und was werden die Zeichen sein, dass sie restlos zufrieden sind. Woran werden es die anderen erkennen?

Dadurch denkt der Kunde zukunftsorientiert und spricht lösungsorientiert! Er konstruiert einen hypothetischen Lösungszustand. Außerdem beschreibt er etwas für ihn Positives.

Und vor allem das Argument „Ich muss noch darüber schlafen" fällt weg, da er sich den morgigen Ist Zustand bereits vorstellt.

Überzeugendes Präsentieren und Argumentieren

Die Struktur einer überzeugenden Präsentation

Verkaufspsychologie mit Magic Selling

Um erfolgreich im Verkauf zu sein, ist es unerlässlich, überzeugende Präsentationen zu halten. Eine gut strukturierte Präsentation kann den entscheidenden Unterschied machen, ob ein potenzieller Kunde Interesse zeigt und letztendlich zum Kauf übergeht. In diesem Kapitel werden wir uns mit der Struktur einer überzeugenden Präsentation befassen und Ihnen wertvolle Tipps geben, wie Sie Ihre Verkaufsgespräche erfolgreich gestalten können.

Wenn Sie nun wissen was ihr Interessent wirklich, wirklich will, können Sie zu ihrem Produkt übergehen.

1. Einleitender Teil:
Beginnen Sie Ihre Präsentation mit einer kurzen und prägnanten Einleitung. Stellen Sie sich und Ihr Unternehmen vor und wecken Sie das Interesse der Zuhörer, indem Sie eine relevante Frage stellen oder eine interessante Statistik präsentieren. Das Ziel ist es, die Aufmerksamkeit des Publikums von Anfang an zu gewinnen.

2. Hauptteil:

Der Hauptteil Ihrer Präsentation sollte gut strukturiert sein und die wichtigsten Informationen enthalten. Gliedern Sie Ihre Inhalte in klar verständliche Abschnitte und verwenden Sie visuelle Elemente wie Grafiken oder Folien, um Ihre Botschaft zu verdeutlichen. Stellen Sie sicher, dass Sie Ihre Argumente logisch aufbauen und mit überzeugenden Fakten und Beispielen untermauern.

3. Nutzenkommunikation:

Ein entscheidender Teil einer überzeugenden Präsentation ist die Kommunikation des Kundennutzens. Zeigen Sie deutlich auf, wie Ihr Produkt oder Ihre Dienstleistung den Kundenwert steigert und seine Bedürfnisse erfüllt. Vermeiden Sie es, sich ausschließlich auf Produktmerkmale zu konzentrieren, sondern fokussieren Sie sich stattdessen auf die Vorteile, die der Kunde daraus ziehen kann.

4. Abschluss:

Beenden Sie Ihre Präsentation mit einem starken Schlussstatement. Fassen Sie die wichtigsten Punkte noch einmal zusammen und rufen Sie die Zuhörer dazu auf, eine konkrete Handlung zu ergreifen, wie beispielsweise eine Bestellung aufzugeben oder einen Termin für weitere Beratungsgespräche zu vereinbaren. Sorgen Sie dafür, dass Ihre Zuhörer motiviert sind, die nächsten Schritte zu gehen.

Eine überzeugende Präsentation zu halten erfordert Übung und Vorbereitung. Nutzen Sie die hier vorgestellte Struktur als Leitfaden und passen Sie sie an Ihre individuellen Bedürfnisse an. Eine gut strukturierte Präsentation kann den Unterschied ausmachen und Ihnen helfen, Kunden zu gewinnen und zu überzeugen.

Die Kunst der Argumentation

Verkaufspsychologie mit Magic Selling

In der Welt des Verkaufs ist die Kunst der Argumentation von entscheidender Bedeutung, um Kunden zu gewinnen und zu überzeugen. Egal, ob Sie physische Produkte, Dienstleistungen oder Ideen verkaufen, Ihre Fähigkeit, überzeugende Argumente zu präsentieren, kann den Unterschied zwischen Erfolg und Misserfolg ausmachen.

Eine effektive Argumentation beruht auf einer fundierten Kenntnis des Produkts oder der Dienstleistung, die Sie anbieten. Sie müssen die Vorzüge und Eigenschaften verstehen und in der Lage sein, diese mit den Bedürfnissen und Wünschen Ihrer Kunden in Einklang zu bringen. Nur wenn Sie ein tiefes Verständnis für Ihr Angebot haben, können Sie überzeugende Argumente liefern.

Ein weiterer wichtiger Aspekt der Argumentation ist die Fähigkeit, Ihre Argumente auf die spezifischen Bedürfnisse und Interessen Ihrer Kunden zuzuschneiden. Jeder Kunde ist einzigartig und hat individuelle Prioritäten. Indem Sie Ihre Argumente an die Bedürfnisse jedes Kunden anpassen, zeigen Sie ihnen, dass Sie ihre Situation verstehen und ihnen eine maßgeschneiderte Lösung bieten können.

Eine überzeugende Argumentation beinhaltet auch die Fähigkeit, mögliche Einwände Ihrer Kunden zu antizipieren und darauf einzugehen. Seien Sie bereit, Ihre Argumente zu verteidigen und potenzielle Bedenken auszuräumen. Zeigen Sie Ihren Kunden, dass Sie sich um ihre Bedenken kümmern und dass Sie Lösungen für ihre Probleme haben.

Darüber hinaus ist es wichtig, Ihre Argumente klar und präzise zu präsentieren. Vermeiden Sie Fachjargon und komplexe Ausdrücke, die Ihre Kunden verwirren könnten. Stattdessen verwenden Sie eine klare und verständliche Sprache, um Ihre Argumente klar zu kommunizieren.

Die Kunst der Argumentation erfordert Übung und ständige Weiterentwicklung. Indem Sie Ihre Fähigkeiten in der Argumentation verbessern, werden Sie in der Lage sein, Kunden effektiver zu gewinnen und zu überzeugen. Bleiben Sie offen für Feedback und lernen Sie aus Ihren Erfahrungen. Nur so können Sie Ihre Argumentationsfähigkeiten kontinuierlich verbessern und Ihre Verkaufszahlen steigern.

Insgesamt ist die Kunst der Argumentation ein unverzichtbares Instrument für Verkäufer. Beherrschen Sie diese Kunst und Sie werden in der Lage sein, Ihre Kunden erfolgreich zu überzeugen und langfristige Geschäftsbeziehungen aufzubauen.

Umgang mit Einwänden und Widerständen

Ein erfolgreicher Verkäufer versteht es, Einwände nicht als Hindernisse, sondern als Möglichkeiten zur Vertiefung des Verkaufsgesprächs zu betrachten. Es ist wichtig, aufmerksam zuzuhören, die Bedenken des Kunden ernst zu nehmen und sie als Ausgangspunkt für eine weiterführende Diskussion zu nutzen. Indem man den Einwand des Kunden wiederholt und bestätigt, zeigt man Empathie und Wertschätzung. Anschließend kann man gezielt auf den Einwand eingehen und Lösungen oder alternative Perspektiven präsentieren.

Um Einwände erfolgreich zu überwinden, ist es hilfreich, sich im Vorfeld auf mögliche Einwände vorzubereiten. Durch eine gründliche Kenntnis des Produkts oder der Dienstleistung sowie der Zielgruppe kann man gezielte Antworten entwickeln. Es ist auch ratsam, sich auf die eigene Körpersprache und Stimme zu achten, um Vertrauen und Glaubwürdigkeit zu vermitteln.

Widerstände können auch emotionale Gründe haben und sind oft das Ergebnis von Ängsten oder Vorurteilen. In solchen Fällen ist es wichtig, einfühlsam zu reagieren und den Kunden dazu zu ermutigen, ihre Bedenken offen zu äußern. Durch Offenheit und Verständnis kann man Vertrauen aufbauen und dem Kunden helfen, ihre Sorgen zu überwinden.

Letztendlich ist der Umgang mit Einwänden und Widerständen ein kontinuierlicher Lernprozess. Es erfordert Übung, Geduld und die Bereitschaft, aus jeder Situation zu lernen. Indem man den Kunden ernst nimmt und auf ihre Bedürfnisse eingeht, kann man langfristige Beziehungen aufbauen und den Verkaufserfolg steigern.

Insgesamt ist der Umgang mit Einwänden und Widerständen eine wichtige Fähigkeit für Verkäufer. Durch eine positive Einstellung, eine gründliche Vorbereitung und eine einfühlsame Kommunikation kann man Einwände erfolgreich überwinden und den Verkaufsprozess vorantreiben.

Vertrauen aufbauen und Glaubwürdigkeit zeigen

Es gibt verschiedene Möglichkeiten, Vertrauen aufzubauen. Eine der wichtigsten ist es, ehrlich und transparent zu sein. Kunden schätzen es, wenn ein Verkäufer ihnen gegenüber offen und aufrichtig ist. Vermeiden Sie es, Informationen zurückzuhalten oder zu übertreiben, nur um einen Verkauf abzuschließen. Zeigen Sie stattdessen, dass Sie sich um die Bedürfnisse und Interessen des Kunden kümmern und darauf bedacht sind, ihm die bestmögliche Lösung anzubieten.

Ein weiterer wichtiger Aspekt beim Aufbau von Vertrauen ist es, Versprechen einzuhalten. Wenn Sie Ihrem Kunden etwas versprechen, stellen Sie sicher, dass Sie es auch halten können. Zuverlässigkeit ist ein Zeichen von Glaubwürdigkeit und wird Kunden dazu ermutigen, Ihnen zu vertrauen.

Darüber hinaus ist es hilfreich, Referenzen und Erfolgsgeschichten von zufriedenen Kunden vorzulegen. Wenn potenzielle Kunden sehen, dass andere Personen bereits positive Erfahrungen mit Ihnen gemacht haben, werden sie eher bereit sein, Ihnen zu vertrauen.

Ein weiterer wichtiger Aspekt ist es, sich als Experte in Ihrem Bereich zu präsentieren. Kunden vertrauen Verkäufern, die fundiertes Wissen und Fachkenntnisse besitzen. Halten Sie sich über die neuesten Entwicklungen in Ihrer Branche auf dem Laufenden und teilen Sie Ihr Wissen mit Ihren Kunden.

Zusammenfassend lässt sich sagen, dass Vertrauen aufbauen und Glaubwürdigkeit zeigen entscheidend für den Erfolg im Verkauf ist. Ehrlichkeit, Zuverlässigkeit, Referenzen und Fachkenntnisse sind einige der wichtigsten Faktoren, um das Vertrauen der Kunden zu gewinnen. Investieren Sie Zeit und Mühe in den Aufbau von Vertrauen, denn langfristige Kundenbeziehungen beruhen auf gegenseitigem Vertrauen und Glaubwürdigkeit.

Psychologische Preisgestaltung und Preissensibilität im Verkauf

Die Festlegung des richtigen Preises für ein Produkt oder eine Dienstleistung ist ein zentrales Element des Marketings und des Verkaufs. Dabei sind nicht nur ökonomische Faktoren wie Produktionskosten und Marktnachfrage entscheidend, sondern auch psychologische Aspekte, die das Kaufverhalten beeinflussen. Ein besonderer Fokus liegt auf der psychologischen Preisgestaltung und der Preissensibilität der Kunden.

1. Psychologische Preisgestaltung:

Psychologische Preisgestaltung zielt darauf ab, die Wahrnehmung von Preisen zu beeinflussen, um das Kaufverhalten zu steuern. Hier sind einige gängige Techniken:

Verkaufspsychologie mit Magic Selling

Preis-Endziffern: Preise wie 9,99 € oder 19,95 € werden oft als günstiger wahrgenommen als runde Beträge wie 10 €, obwohl der tatsächliche Unterschied minimal ist.

Preisankereffekt: Hierbei wird ein höherer Preis (der Anker) zunächst genannt, um dann ein günstigeres Angebot zu präsentieren. Der Kunde nimmt das günstigere Angebot im Vergleich zum Anker als besonders vorteilhaft wahr. Untersuchungen haben gezeigt, dass der erste Preis, den ein Kunde sieht (der "Anker"), einen dauerhaften Einfluss auf seine Wahrnehmung des Wertes hat.

Paketpreise: Anstatt Artikel einzeln zu verkaufen, werden sie in Paketen zu einem reduzierten Gesamtpreis angeboten. Dies gibt dem Kunden das Gefühl, ein Schnäppchen gemacht zu haben.

Macht des "Kostenlos"-Prinzips: Eine Studie von Dan Ariely zeigte, dass Verbraucher unverhältnismäßig stark auf das Wort "kostenlos" reagieren.

2. Preissensibilität:

Die Preissensibilität beschreibt, wie empfindlich Verbraucher auf Preisänderungen reagieren. Faktoren, die die Preissensibilität beeinflussen, sind:

Verfügbarkeit von Alternativen: Wenn ähnliche Produkte zu einem niedrigeren Preis verfügbar sind, ist die Wahrscheinlichkeit höher, dass Kunden preissensibel reagieren.

Preis-Qualitäts-Wahrnehmung: Einige Konsumenten assoziieren höhere Preise mit besserer Qualität und sind daher weniger preissensibel.

Grad der Notwendigkeit: Bei Produkten, die als notwendig oder unersetzlich angesehen werden, ist die Preissensibilität oft geringer.

Gewohnheit: Langjährige Kunden können an einen bestimmten Preis gewöhnt sein und negativ auf plötzliche Preiserhöhungen reagieren.

Strategien zur optimalen Preisgestaltung und -kommunikation

1. Kostenorientierte Preisgestaltung: Diese Strategie basiert auf den Kosten für die Herstellung eines Produkts. Ein Gewinnaufschlag wird hinzugefügt, um den Verkaufspreis zu bestimmen.

2. Wettbewerbsorientierte Preisgestaltung: Hierbei wird der Preis basierend auf dem, was die Konkurrenten verlangen, festgelegt. Dies erfordert eine ständige Marktüberwachung.

3. Wertbasierte Preisgestaltung: Der Preis basiert auf dem wahrgenommenen Wert des Produkts für den Kunden. Dies erfordert ein tiefes Verständnis der Zielgruppe und deren Zahlungsbereitschaft.

4. Bundle-Preisgestaltung: Produkte werden im Paket zu einem reduzierten Gesamtpreis angeboten. Dies kann den Gesamtabsatz steigern und den Kunden einen Mehrwert bieten.

5. Preis-Diskriminierung: Hierbei werden unterschiedliche Preise für verschiedene Kundengruppen oder Vertriebskanäle festgelegt. Beispiele sind Studentenrabatte oder Frühbucherpreise.

6. Penetrationspreisstrategie: Ein neues Produkt wird zu einem sehr niedrigen Preis angeboten, um Marktanteile zu gewinnen. Nach Erreichen einer kritischen Masse kann der Preis erhöht werden.

7. Skimming-Strategie: Ein neues, innovatives Produkt wird zu einem hohen Preis eingeführt. Sobald der Markt gesättigt ist oder Konkurrenten auftauchen, wird der Preis reduziert.

Kommunikationsstrategien:

1. Transparenz in der Preisgestaltung: Kunden schätzen es, wenn sie den Wert eines Angebots klar erkennen können. Transparente Preisstrukturen, bei denen alle Kosten und Zusatzleistungen klar aufgeschlüsselt sind, können Vertrauen schaffen.

2. Betonung des Preis-Leistungs-Verhältnisses: Statt nur den Preis hervorzuheben, sollte auch der Wert des Produkts oder der Dienstleistung betont werden.

3. Geschichten erzählen: Ein erzählender Ansatz, der den Hintergrund des Produkts, seine Herkunft oder seine Besonderheiten hervorhebt, kann den wahrgenommenen Wert steigern.

4. Testimonials und Kundenbewertungen: Lassen Sie zufriedene Kunden für Sie sprechen. Positive Bewertungen können potenzielle Kunden überzeugen, dass das Produkt seinen Preis wert ist.

5. Rabattkommunikation: Promotionen, Sonderangebote oder Rabatte sollten klar, aber nicht übermäßig kommuniziert werden, um nicht den Wert des Produkts zu mindern.

Verkaufspsychologie für Verhandlungstechniken

Verkaufspsychologie mit Magic Selling

Die Kunst der Verhandlung steht im Zentrum vieler Verkaufssituationen. Durch ein tiefes Verständnis der psychologischen Mechanismen kann der Verhandlungsführer erfolgreiche Strategien entwickeln und seine Ziele erreichen. Hier sind einige psychologische Techniken und Prinzipien, die in Verhandlungen eingesetzt werden können:

Reziprozität

Das Prinzip der Reziprozität ist ein fundamentales menschliches Verhalten, das besagt, dass Menschen, wenn sie etwas erhalten, oft das Bedürfnis verspüren, im Gegenzug etwas zurückzugeben. Dieses Prinzip wurde durch zahlreiche psychologische Studien und Experimente belegt und spielt eine zentrale Rolle im Verkaufsprozess.

Verkaufspsychologie mit Magic Selling

1. Grundlagen der Reziprozität: Reziprozität ist in vielen Kulturen tief verwurzelt. Es ist ein Geben und Nehmen, das soziale Beziehungen stärkt und für ein Gleichgewicht in menschlichen Interaktionen sorgt. In einem Verkaufskontext kann dieses Bedürfnis, "zurückzugeben", genutzt werden, um Kunden zu einem Kauf oder zu einer bestimmten Handlung zu bewegen.

2. Anwendung im Verkauf:

Kostenlose Proben: Ein Klassiker im Einzelhandel. Wenn Kunden eine kostenlose Probe erhalten, sind sie oft eher bereit, das vollständige Produkt zu kaufen, nicht nur wegen des Produktwertes, sondern auch, um das Gefühl der "Schuld" des Gratiserhalts auszugleichen.

Wertvolle Inhalte: Unternehmen, die kostenlose Webinare, E-Books oder Ratgeber anbieten, nutzen das Prinzip der Reziprozität. Kunden, die von diesen wertvollen Inhalten profitieren, könnten sich eher verpflichtet fühlen, bei diesem Unternehmen einzukaufen oder dessen Dienstleistungen in Anspruch zu nehmen.

Exzellenter Kundenservice: Wenn ein Verkäufer sich die extra Meile geht, um dem Kunden zu helfen oder ihm einen besonderen Service zu bieten, kann der Kunde das Bedürfnis verspüren, im Gegenzug zu kaufen oder den Service weiterzuempfehlen.

3. Fallstricke und Ethik: Obwohl Reziprozität ein mächtiges Werkzeug im Verkauf ist, muss sie ethisch und authentisch eingesetzt werden. Ein übermäßiges oder manipulatives "Geben", nur um den Kunden zu einem Kauf zu drängen, kann als unaufrichtig wahrgenommen werden und das Vertrauen schädigen.

Konsistenz:

Das Prinzip der Konsistenz besagt, dass Menschen das Bedürfnis haben, konsistent mit dem zu handeln, was sie zuvor gesagt oder getan haben. In einem Verkaufskontext wird dieses Verhalten oft ausgenutzt, um Kundenbindungen zu stärken und Verkäufe zu erhöhen.

1. Grundlagen der Konsistenz: Menschen streben danach, als kohärente und zuverlässige Individuen wahrgenommen zu werden. Wenn sie einmal eine Entscheidung getroffen oder eine Meinung geäußert haben, tendieren sie dazu, bei dieser Entscheidung oder Meinung zu bleiben, um konsistent zu erscheinen.

2. Anwendung im Verkauf:

Kleine Commitments: Ein kleineres, einfacheres Engagement kann oft zu größeren Engagements führen. Wenn ein Kunde z.B. zustimmt, einen Newsletter zu abonnieren, ist er möglicherweise eher bereit, später einen Kauf zu tätigen.

Testversionen: Ein Kunde, der sich für eine Testversion eines Produkts oder Dienstes entscheidet, hat bereits ein Engagement gezeigt. Die Wahrscheinlichkeit, dass er nach der Testphase ein zahlender Kunde wird, ist oft höher, da er bereits in das Produkt "investiert" hat und konsistent handeln möchte.

Feedback und Meinungsäußerung: Wenn Kunden ihre Meinung zu einem Produkt oder Dienst äußern, z.B. in Form einer Bewertung, identifizieren sie sich stärker mit dieser Entscheidung. Das macht es wahrscheinlicher, dass sie konsistent handeln und wiederholt kaufen.

3. Das Fuß-in-die-Tür-Prinzip: Dieses psychologische Konzept besagt, dass Menschen, die bereits einem kleinen Anliegen zugestimmt haben, eher bereit sind, einem größeren Anliegen zuzustimmen. Verkäufer nutzen dieses Prinzip, indem sie zunächst um eine kleine Gefälligkeit oder Zustimmung bitten, um später ein größeres Engagement zu erzielen.

4. Ethik und Konsistenz: Wie bei allen Verkaufstaktiken ist es wichtig, das Prinzip der Konsistenz ethisch korrekt anzuwenden. Manipulation oder das Ausnutzen dieses Prinzips in einer Weise, die dem Kunden schadet, kann das Vertrauen zerstören und dem Ruf des Verkäufers schaden.

Soziale Beweise:

Verkaufspsychologie mit Magic Selling

Das Konzept der sozialen Beweise (oder "Social Proof") ist ein mächtiges psychologisches Phänomen, bei dem Menschen die Handlungen und Meinungen der Mehrheit oder von Experten als Richtschnur für ihr eigenes Verhalten verwenden. Im Verkauf können soziale Beweise genutzt werden, um Vertrauen aufzubauen, Unsicherheiten zu reduzieren und die Kaufentscheidung positiv zu beeinflussen.

1. Grundlagen der sozialen Beweise: Das Bedürfnis, zu einer Gruppe zu gehören und von dieser akzeptiert zu werden, ist tief in der menschlichen Natur verankert. Wenn Menschen unsicher sind, wie sie sich verhalten sollen, schauen sie oft darauf, was andere tun oder denken.

2. Anwendung im Verkauf:

Kundenbewertungen und -rezensionen: Einer der offensichtlichsten und am weitesten verbreiteten sozialen Beweise. Wenn potenzielle Kunden sehen, dass andere das Produkt positiv bewertet haben, wird ihr Vertrauen gestärkt.

Testimonials: Persönliche Geschichten oder Zitate zufriedener Kunden können überzeugend sein, insbesondere wenn sie von Menschen stammen, mit denen sich der potenzielle Kunde identifizieren kann.

Expertenmeinungen: Wenn eine renommierte Persönlichkeit oder ein Experte ein Produkt empfiehlt, kann das das Vertrauen der Kunden erheblich steigern.

Medien-Erwähnungen: Wenn ein Produkt in Medien, Blogs oder Fachzeitschriften positiv erwähnt wird, kann das als starker sozialer Beweis dienen.

Zähler für Verkäufe oder Downloads: Die Anzeige, wie oft ein Produkt bereits verkauft oder heruntergeladen wurde, kann den "Bandwagoneffekt" nutzen und Unsicherheiten abbauen.

"Beliebteste Produkte" oder "Bestseller": Diese Hinweise können Kunden zeigen, welche Produkte bei anderen besonders gut ankommen.

3. Ethik und soziale Beweise: Es ist von zentraler Bedeutung, dass soziale Beweise authentisch sind. Gefälschte Bewertungen oder irreführende Informationen können das Vertrauen von Kunden schnell zerstören und rechtliche Konsequenzen nach sich ziehen.

Autorität

Das Prinzip der Autorität bezieht sich auf das menschliche Verhalten, eher Ratschlägen oder Empfehlungen von als kompetent und sachkundig wahrgenommenen Personen zu folgen. Im Verkaufskontext kann das Prinzip der Autorität dazu verwendet werden, das Vertrauen der Kunden zu stärken und ihre Kaufentscheidungen positiv zu beeinflussen.

1. Grundlagen der Autorität: Von Kindesbeinen an werden Menschen dazu erzogen, Autoritäten wie Eltern, Lehrer und Fachleute zu respektieren und ihren Anweisungen zu folgen. Diese konditionierte Reaktion bleibt auch im Erwachsenenalter bestehen und kann im Verkauf wirksam eingesetzt werden.

2. Anwendung im Verkauf:

Titel und Qualifikationen: Ein Doktor, Ingenieur oder ein anderer Fachexperte, der ein Produkt empfiehlt oder entworfen hat, kann dem Produkt mehr Gewicht und Glaubwürdigkeit verleihen.

Verkaufspsychologie mit Magic Selling

Kleidung und Präsentation: Verkäufer, die sich professionell kleiden und präsentieren, können als kompetenter wahrgenommen werden. Ein Anzug oder eine Uniform kann den Effekt der wahrgenommenen Autorität verstärken.

Auszeichnungen und Zertifikate: Produkte oder Dienstleistungen, die von anerkannten Institutionen ausgezeichnet oder zertifiziert wurden, können als hochwertiger und vertrauenswürdiger wahrgenommen werden.

Empfehlungen von Experten: Wenn ein anerkannter Experte oder eine bekannte Persönlichkeit ein Produkt öffentlich unterstützt oder empfiehlt, kann das das Vertrauen potenzieller Kunden erheblich steigern.

Zugehörigkeit zu professionellen Organisationen: Unternehmen, die Mitglied in angesehenen Fachverbänden oder Organisationen sind, können als glaubwürdiger und zuverlässiger wahrgenommen werden.

3. Ethik und Autorität: Es ist entscheidend, das Prinzip der Autorität verantwortungsbewusst und ethisch einwandfrei zu nutzen. Das Vortäuschen von Fachkenntnissen, falsche Behauptungen oder das Nutzen unverdienter Titel kann das Vertrauen der Kunden nachhaltig beschädigen und rechtliche Folgen haben.

Sympathie

Menschen neigen dazu, Ja zu sagen zu Personen, die sie mögen. Ein gutes Verhältnis zum Kunden kann somit die Verhandlungsposition stärken. Sympathie ist ein mächtiges emotionales Band, das zwischen Menschen entstehen kann. Im Kontext des Verkaufs kann die Fähigkeit eines Verkäufers, Sympathie bei einem Kunden zu wecken, einen entscheidenden Unterschied machen, ob ein Geschäft abgeschlossen wird oder nicht.

1. Grundlagen der Sympathie: Menschen tendieren dazu, von Personen beeinflusst zu werden, die sie mögen und denen sie vertrauen. Ein Verkäufer, der Sympathie erzeugen kann, hat einen deutlichen Vorteil, weil er eine positive emotionale Verbindung zum Kunden herstellt.

2. Anwendung im Verkauf:

Gemeinsame Interessen: Das Aufdecken gemeinsamer Interessen, Hobbys oder Ansichten kann eine Verbindung schaffen. Menschen fühlen sich zu Gleichgesinnten hingezogen und vertrauen deren Urteil eher.

Komplimente: Ehrlich gemeinte Komplimente können das Wohlbefinden und Selbstwertgefühl des Kunden steigern. Sie müssen jedoch authentisch sein, um nicht als manipulativ wahrgenommen zu werden.

Körpersprache: Ein freundliches Lächeln, Augenkontakt und eine offene Körperhaltung können Sympathie fördern. Der Kunde sollte sich wohlfühlen und den Eindruck haben, dass er im Mittelpunkt steht.

Aktives Zuhören: Wenn Verkäufer wirklich zuhören und Interesse zeigen, fühlt sich der Kunde geschätzt und verstanden.

Echtheit: Authentizität und Ehrlichkeit sind entscheidend. Kunden erkennen oft, wenn sie manipuliert werden oder der Verkäufer unaufrichtig ist.

3. Ethik und Sympathie: Während Sympathie im Verkauf hilfreich sein kann, sollte sie nie manipulativ eingesetzt werden. Die Erzeugung falscher Sympathie oder das Vorgeben falscher Gemeinsamkeiten kann als unethisch angesehen werden und das Vertrauen des Kunden zerstören.

Verknappung

Das Prinzip der Verknappung leitet sich aus unserer Grundangst ab, etwas zu verpassen (Fear Of Missing Out – FOMO). Wenn Menschen glauben, dass sie nur eine begrenzte Chance haben, etwas zu erhalten, sind sie oft bereit, schneller zu handeln und sogar mehr zu bezahlen.

2. Anwendung im Verkauf:

Begrenzte Mengen: Ein klassischer Ansatz ist die Angabe, dass nur noch eine begrenzte Anzahl eines Produkts verfügbar ist. Das kann dazu führen, dass Käufer schneller entscheiden, um das Produkt zu sichern.

Zeitliche Begrenzung: Sonderangebote, Rabatte oder Boni, die nur für einen begrenzten Zeitraum verfügbar sind, können ebenfalls das Gefühl der Dringlichkeit erhöhen.

Verkaufspsychologie mit Magic Selling

Exklusivität: Die Idee, dass ein Produkt oder Dienstleistung nur einer ausgewählten Gruppe zugänglich ist, kann es begehrenswerter machen. Beispielsweise können exklusive Mitgliedschaftsangebote oder Vorverkäufe genutzt werden.

Kommunikation von hoher Nachfrage: Die Information, dass viele andere Kunden ein Produkt kaufen oder Interesse daran zeigen, kann das Gefühl der Verknappung erhöhen.

3. Ethik und Verknappung: Es ist wichtig, ethische Grenzen nicht zu überschreiten. Künstliche Verknappung, bei der beispielsweise absichtlich Produkte zurückgehalten werden, um einen Mangel zu erzeugen, kann das Vertrauen der Kunden schädigen, wenn sie davon erfahren. Außerdem sollte die Kommunikation immer ehrlich und transparent sein. Wenn beispielsweise mit "nur noch 3 Artikel verfügbar" geworben wird, sollte dies auch der Wahrheit entsprechen.

Ankereffekt

Verkaufspsychologie mit Magic Selling

Der Ankereffekt bezieht sich auf die Tendenz des menschlichen Verstandes, sich stark auf den ersten erhaltenen Informationswert (den "Anker") zu verlassen, wenn er anschließend Entscheidungen trifft. Im Verkaufs- und Marketingkontext kann dieser erste Wert den Rahmen für spätere Kaufentscheidungen setzen.

1. Grundlagen des Ankereffekts: Wenn einem potenziellen Käufer zuerst ein hoher Preis (der Anker) präsentiert wird und anschließend ein niedrigerer Preis für ein anderes, ähnliches Produkt, erscheint dieser niedrigere Preis im Vergleich wesentlich attraktiver, selbst wenn er immer noch hoch ist.

2. Anwendung im Verkauf:

Preisgestaltung: Ein Produkt kann absichtlich zu einem höheren Preis angeboten werden, sodass ein anderes Produkt des gleichen Unternehmens im Vergleich günstiger erscheint. Diese Taktik wird oft in Menüs in Restaurants verwendet, wo ein teures Gericht andere Preise im Vergleich günstiger erscheinen lässt.

Verhandlungen: In Verhandlungssituationen kann eine Partei mit einem extremen Anfangsangebot starten, sodass alle nachfolgenden Angebote, selbst wenn sie nicht ideal sind, im Vergleich moderater erscheinen.

Rabatte und Angebote: Ein ursprünglicher, höherer Preis wird oft durchgestrichen und daneben der rabattierte Preis angezeigt. Der ursprüngliche Preis dient hierbei als Anker, wodurch das Angebot als vorteilhafter wahrgenommen wird.

Produktvarianten: Oft werden drei Versionen eines Produkts angeboten: Basis, Standard und Premium. Der Preis der Premium-Version kann als Anker dienen, um die Standard-Version als das beste Preis-Leistungs-Verhältnis erscheinen zu lassen.

3. Ethik und Ankereffekt: Es ist wichtig, den Ankereffekt ethisch verantwortungsbewusst einzusetzen. Irreführende Preisstrategien oder das Setzen von unrealistischen Ankerwerten können das Vertrauen der Kunden schädigen und zu rechtlichen Konsequenzen führen.

Aktives Zuhören

Aktives Zuhören ist eine Schlüsselkompetenz im Verkauf. Es geht darum, dem Kunden vollständig zuzuhören, seine Bedürfnisse und Anliegen zu verstehen und darauf angemessen zu reagieren. Diese Fähigkeit ermöglicht es dem Verkäufer, Vertrauen aufzubauen, den Bedarf des Kunden genau zu erfassen und maßgeschneiderte Lösungen anzubieten.

1. Was ist aktives Zuhören? Aktives Zuhören bedeutet, sich voll und ganz auf das zu konzentrieren, was der Kunde sagt, und dies durch verbales und nonverbales Feedback zu bestätigen. Es erfordert Geduld, Offenheit und die Fähigkeit, Urteile oder voreilige Antworten zu vermeiden.

2. Anwendung im Verkauf:

Feedback geben: Durch kurze verbale Zustimmungen wie "Verstehe", "Ja" oder "Erzählen Sie mir mehr" zeigt der Verkäufer, dass er aufmerksam zuhört.

Paraphrasieren: Das Wiederholen oder Umformulieren dessen, was der Kunde gesagt hat, stellt sicher, dass der Verkäufer das Anliegen korrekt verstanden hat und zeigt dem Kunden, dass er wirklich zugehört wird.

Fragen stellen: Durch gezielte Nachfragen kann der Verkäufer Unklarheiten beseitigen und tiefer in die Bedürfnisse des Kunden eintauchen.

Körpersprache: Augenkontakt, ein zugewandter Körper und Nicken sind nonverbale Zeichen, die dem Kunden zeigen, dass der Verkäufer präsent und engagiert ist.

Vermeidung von Ablenkungen: Der Verkäufer sollte sicherstellen, dass er während des Gesprächs nicht durch andere Dinge abgelenkt wird und dem Kunden seine volle Aufmerksamkeit schenkt.

3. Vorteile des aktiven Zuhörens im Verkauf:

Vertrauensaufbau: Kunden fühlen sich geschätzt und verstanden, was das Vertrauen in den Verkäufer und das Unternehmen stärkt.

Genauere Bedarfsermittlung: Durch aktives Zuhören kann der Verkäufer die wahren Bedürfnisse und Wünsche des Kunden herausfinden und so bessere Lösungen anbieten.

Reduzierung von Missverständnissen: Das Risiko von Fehlinterpretationen und falschen Annahmen wird minimiert.

Effizienterer Verkaufsprozess: Wenn ein Verkäufer genau versteht, was ein Kunde möchte, kann er gezieltere Angebote machen und den Verkaufszyklus verkürzen.

4. Fazit: Aktives Zuhören ist mehr als nur das passive Aufnehmen von Worten. Es ist ein aktiver Prozess des Verstehens, der es ermöglicht, tiefere Beziehungen zu Kunden aufzubauen und den Verkaufserfolg zu steigern. In der heutigen schnelllebigen Geschäftswelt kann diese Fähigkeit einen entscheidenden Wettbewerbsvorteil darstellen.

Verkaufspsychologie mit Magic Selling

Accenture berichtete, dass 91% der Verbraucher wahrscheinlicher bei Verkäufern einkaufen, die ihnen für sie relevante Angebote und Empfehlungen präsentieren.

Positionierung und Framing:

Positionierung und Framing sind zwei Schlüsselkonzepte in Verkauf und Marketing, die beeinflussen, wie ein Produkt oder eine Dienstleistung von potenziellen Kunden wahrgenommen wird. Wenn sie effektiv eingesetzt werden, können sie den wahrgenommenen Wert und die Attraktivität eines Angebots erheblich steigern.

1. Positionierung:

Definition: Positionierung bezieht sich auf den Platz, den ein Produkt oder eine Dienstleistung im Kopf des Kunden im Vergleich zu Wettbewerbsprodukten einnimmt.

Anwendung im Verkauf:

Differenzierung: Heben Sie die einzigartigen Merkmale und Vorteile Ihres Produkts hervor, die es von der Konkurrenz abheben.

Zielgruppenfokus: Bestimmen Sie, für welche spezifische Zielgruppe Ihr Produkt am besten geeignet ist und sprechen Sie diese gezielt an.

Markenbotschaft: Entwickeln Sie eine klare und konsistente Botschaft, die den Wert und die Vorteile Ihres Produkts kommuniziert.

2. Framing:

Definition: Framing bezieht sich darauf, wie Informationen präsentiert werden, um die Wahrnehmung oder Interpretation eines Themas oder Produkts zu beeinflussen.

Anwendung im Verkauf:

Positive vs. Negative Framing: Ein Produkt kann als "95% zuverlässig" (positives Framing) oder "5% fehleranfällig" (negatives Framing) beschrieben werden. Obwohl die Statistik dieselbe ist, wird die erste Darstellung als positiver wahrgenommen.

Verlust vs. Gewinn: Menschen tendieren dazu, den Verlust von etwas stärker zu gewichten als einen gleichwertigen Gewinn. Das Hervorheben des möglichen Verlusts durch Nichtkauf kann daher effektiv sein.

Untersuchungen im Bereich der Verhaltensökonomie haben gezeigt, dass Menschen den Verlust von etwas doppelt so intensiv empfinden wie den Gewinn desselben Werts. Dieses Prinzip wird oft in Verkaufsförderungsstrategien genutzt, indem potenzielle Verluste (z. B. verpasste Rabatte oder begrenzte Angebote) hervorgehoben werden.

Anker setzen: Durch das Präsentieren eines höheren Preises zuerst (Anker) kann ein nachfolgender niedrigerer Preis als günstiger wahrgenommen werden.

Relativität: Ein Produkt kann im Vergleich zu einem teureren Produkt als günstig wahrgenommen werden, auch wenn es allein betrachtet als teuer empfunden wird.

Fragetechnik

Fragetechniken sind im Verkauf ein entscheidendes Instrument, um die Bedürfnisse und Wünsche des Kunden zu erkennen, Vertrauen aufzubauen und den Verkaufsprozess gezielt voranzutreiben. Durch das richtige Stellen von Fragen kann der Verkäufer tiefere Einblicke in die Situation und Motivation des Kunden erhalten und so maßgeschneiderte Lösungen anbieten.

Verkaufspsychologie mit Magic Selling

1. Offene Fragen: Diese Fragen können nicht mit einem einfachen "Ja" oder "Nein" beantwortet werden und regen den Kunden dazu an, ausführlich zu antworten.

Beispiel: "Wie nutzen Sie derzeit das Produkt X in Ihrem Unternehmen?"

2. Geschlossene Fragen: Sie dienen dazu, konkrete Informationen zu erhalten oder eine Entscheidung herbeizuführen und können in der Regel mit "Ja" oder "Nein" beantwortet werden.

Beispiel: "Benutzen Sie bereits ein ähnliches Produkt?"

3. Alternativfragen: Hierbei bietet der Verkäufer dem Kunden zwei oder mehr Alternativen zur Auswahl an.

Beispiel: "Bevorzugen Sie das Modell A oder das Modell B?"

4. Sondierende Fragen: Mit diesen Fragen vertieft der Verkäufer ein bestimmtes Thema oder klärt Unklarheiten.

Beispiel: "Was genau meinen Sie mit 'nicht zufriedenstellender Leistung'?"

5. Reflexionsfragen: Durch diese Fragen gibt der Verkäufer dem Kunden das Gesagte in eigenen Worten zurück, um sicherzustellen, dass er ihn korrekt verstanden hat.

Beispiel: "Wenn ich Sie richtig verstanden habe, suchen Sie nach einem Produkt, das …"

6. Hypothetische Fragen: Diese Fragen regen den Kunden dazu an, über bestimmte Szenarien oder Lösungen nachzudenken.

Beispiel: "Angenommen, Produkt X könnte Ihre Produktionszeit um 20% reduzieren – wäre das interessant für Sie?"

7. Kontrollfragen: Mit diesen Fragen überprüft der Verkäufer das Verständnis des Kunden oder fasst wichtige Punkte des Gesprächs zusammen.

Beispiel: "Habe ich es richtig zusammengefasst, dass ...?"

8. Skalenfragen: Hierbei wird der Kunde gebeten, seine Meinung oder Präferenz auf einer Skala zu bewerten.

Beispiel: "Auf einer Skala von 1 bis 10, wie zufrieden sind Sie mit Ihrem aktuellen Anbieter?"

Und natürlich unsere Magic Question.

Psychologische Taktiken und Strategien für erfolgreiche Verhandlungen

Die Kunst erfolgreicher Verhandlungen im Verkauf erfordert nicht nur Fachwissen und Überzeugungskraft, sondern auch ein tiefes Verständnis der menschlichen Psychologie. Die folgenden Taktiken und Strategien bauen auf psychologischen Prinzipien auf und können in Verhandlungen den Unterschied ausmachen:

Verkaufspsychologie mit Magic Selling

1. Vorbereitung und Recherche: Bevor die Verhandlung beginnt, sollten Sie so viel wie möglich über Ihren Verhandlungspartner wissen. Je besser Sie die Bedürfnisse, Wünsche und Grenzen des Kunden kennen, desto besser können Sie Ihre Argumente anpassen.

2. Gemeinsame Ziele hervorheben: Zeigen Sie dem Kunden, dass Sie gemeinsame Interessen und Ziele verfolgen. Dies schafft Vertrauen und erleichtert es, Kompromisse zu finden.

3. Die Kraft des Zuhörens: Aktives Zuhören zeigt Respekt und gibt Ihnen die Möglichkeit, die Bedenken des Kunden genau zu verstehen. Oftmals gibt der Kunde im Gespräch selbst Hinweise darauf, was ihm besonders wichtig ist.

4. Reziprozität ausnutzen: Menschen neigen dazu, Zugeständnisse zu erwidern. Wenn Sie in einem Punkt nachgeben, wird der Kunde wahrscheinlich auch bereit sein, in einem anderen Punkt entgegenzukommen.

5. Ankereffekt: Der erste genannte Preis oder Wert in einer Verhandlung setzt oft einen Referenzpunkt für den weiteren Verlauf. Ein strategisch gesetzter Anker kann die Verhandlung in Ihre gewünschte Richtung lenken.

6. Verknappung nutzen: Die Betonung der Exklusivität oder der begrenzten Verfügbarkeit eines Angebots kann den Druck erhöhen und die Entscheidungsfreudigkeit des Kunden fördern.

7. Emotionale Intelligenz einsetzen: Die Fähigkeit, die Emotionen des Gegenübers zu erkennen und darauf zu reagieren, kann entscheidend sein. Positive Emotionen wie Vertrauen oder Begeisterung können den Verhandlungsprozess erheblich beeinflussen.

8. "Ja"-Momentum schaffen: Beginnen Sie die Verhandlung mit Fragen oder Punkten, bei denen der Kunde wahrscheinlich zustimmen wird. Ein fortlaufendes "Ja"-Momentum kann die Zustimmungsbereitschaft für später diskutierte, komplexere Themen erhöhen.

9. Klarheit und Einfachheit: Komplexe Verhandlungsangebote können den Kunden überfordern. Je einfacher und klarer Ihr Angebot dargestellt wird, desto höher ist die Wahrscheinlichkeit, dass der Kunde es annimmt.

10. Kontrollierte Konzessionen: Planen Sie im Voraus, welche Zugeständnisse Sie machen können und wann. Dies gibt Ihnen Kontrolle über den Verhandlungsprozess und kann den Kunden dazu bringen, auch Zugeständnisse zu machen.

11. Win-Win-Situationen suchen: Anstatt die Verhandlung als Nullsummenspiel zu sehen, suchen Sie nach Lösungen, von denen beide Seiten profitieren. Das stärkt die Beziehung zum Kunden und führt zu langfristigerem Erfolg.

Die Käufertypen nach den 12 Archetypen

Kaufmotiv erhören

Indem sie dem Kunden genau zuhören, erhören sie sein Kaufmotiv.

Die 12 Kaufmotive

Typ 1: Impulskäufer, will sich durchsetzen, erster sein

Typ 2: Der Kunde wird reicher, Gier als Motiv

Typ 3: Neugier muss geweckt werden, braucht neueste Info

Typ 4: Kauft, weil er andere versorgen will

Typ 5: Kauft, um angeben zu können, um dabei zu sein

Typ 6: Kauft den Nutzen eines Produktes, sehr sachlich

Typ 7: Kauft schöne Dinge, anfällig für »schöne« Werbung

Typ 8: Kauft die Idee

Typ 9: Kauft die Begeisterung

Typ 10: Kauft aus Verantwortung

Typ 11: Kauft immer das Neueste, will außergewöhnlich sein

Typ 12: Kauft aus Mitleid, Mitleidsmasche

Komplimentieren

Wenn sie dem Kunden richtig zuhören, dann kennen sie nun seinen Bezugsrahmen. Sie wissen in welcher Welt er sich bewegt. Um ihn in einen Ressource vollen Zustand zu bringen, „komplimentieren" sie – so viel sie können.

Hier geht es nicht darum, einfach nur nett zu sein. Diese Komplimente sollen den Kunden in eine Position der Kaufentscheidung bringen. Und sie stehen in direktem Zusammenhang mit dem, was dem Kunden wichtig ist und verstärken dieses Bild in seiner Vorstellung. Sie erhören sozusagen wovon der Kunde ausgeht.

12 Bestätigungen

Je nach Typ gibt es unterschiedliche Vorgangsweisen: Wenn sie das Kaufmotiv erhört haben wissen sie welcher Typ der Kunde ist, damit wissen sie auch für welches Kompliment besonders gut wirkt.

Das direkte Kompliment:

Typ1 - Impulskäufer: Für das wer er ist.

Dieser Typ ist entweder eine starke Persönlichkeit oder er tritt schwach auf. In jedem Fall tun sie ihm einen Gefallen, in dem sie ihm sagen: Sie schauen aus als hätten sie Mut und Stärke. Kann sehr enthusiastisch sein, daher sofort abschließen. Verhandelt, weil er sich durchsetzen will. Kauft auch Innovationen, weil er einer der Ersten sein will.

Abschlusstechnik: Jetzt oder nie!

Bezugswörter: Erfolg, Sieg, Kraft, Stärke, Risiko, Innovation, Initiative

Typ 2 - Qualitätskäufer: Für das was er hat

Braucht vor allem die Bestätigung, dass er wertvoll ist. Dass er nur wertvolle Dinge kauft, dass seine Beiträge wertvoll sind. Dass durch den Kauf der Dienstleistung/Produkt sein Wert steigt. Muss von der Qualität und vom Mehrwert überzeugt sein. Produkt angreifen lassen! Braucht etwas länger und verhandelt aus Gier.

Abschlusstechnik: Hartnäckigkeit, Mehrwertargumente

Bezugswörter: Bestand, Bewahren, Genuss, Geselligkeit, Besitz, Prestige, Sammeln, Sicherheit, Treue, Vorrat

Typ 3 - Neugierdskäufer: Für sein Wissen

Redet gerne oder fragt sehr viel. Braucht die Bestätigung, dass er intelligent ist. (Was sie alles wissen!) Hören sie vor allem gut zu und lassen sie ihn reden. Wecken Sie seine Neugierde, durch scheibchenweise Hintergrundinformationen. Abschluss erst möglich, wenn Neugierde durch das Produkt gestillt wird. Beeinflussbar!

Abschlusstechnik: Einfach einpacken

Bezugswörter: Bewegung, Diskussion, Information, Interesse, Intellekt, Rationales, Unterscheidung, Wissen

Typ 4 - Versorgungskäufer: Für seine Familie, Kinder

Muss sich geborgen fühlen. Fragen sie nach seiner Familie.
Stärken Sie seine Identität. Bedürfnisse müssen durch das Produkt
gestillt werden. Kauft möglicherweise auch aus einer Laune
heraus, und macht sich danach unnötig Sorgen.

Abschlusstechnik: Jetzt habe ich mich so bemüht!

Bezugswörter: Gefühle, Empfindung, Heimat, Geborgenheit,
Zufriedenheit

Typ 5 - Statuskäufer: Für seine Handlungen

Bauen sie sein Selbstbewusstsein auf: Sie sind ja wer. Bewundern sie ihn für sein so sein. Kauft um anzugeben, um dabei zu sein. Erklären Sie diesem Typen, welcher Prominente dieses Produkt hat. Ist sehr anfällig für Testimonials. Verhandelt, weil er wichtig sein will, oder weil es modern ist. Spieler!

Abschlusstechnik: Souverän abschließen (Imponiert ihm)

Bezugswörter: Gestaltung, Großzügigkeit, Handlungsfähigkeit, Imponieren, Stolz, Selbstbewusstsein

Typ 6 - Nutzenkäufer: Für sein Pflichtbewusstsein

Kauft vor allem den Nutzen eines Produktes. Sehr anfällig für Tests (Konsument, Stiftung Warentest) Sehr preissensibel, daher erklären Sie genau das Preis – Leistungsverhältnis und appellieren Sie an sein Pflichtbewusstsein. Kauft auch aus schlechtem Gewissen. Verhandelt, weil er sparen will.

Abschlusstechnik: Den Nutzen hervorkehren und aufschreiben.

Bezugswörter: Analyse, Detail, Fleiß, Genauigkeit, Haushalt, Ökonomisch, Sparsamkeit, Verwertung,

Typ 7 - Designkäufer: Für seinen Partner

Diesem Typ muss vor allem das Produkt oder die Werbung gefallen. Auch Symphatiewerte des Verkäufers oder des Testimonials sind sehr wichtig. Zeigen sie ihm, dass sie ihn mögen – ihn sympathisch finden, wegen seines feinen Benehmens. Bestätigen sie seinen Geschmack! Oder auch seine Partnerwahl. Kann sich schwer entscheiden, braucht daher eine starke Führung.

Abschlusstechnik: Eine Alternative anbieten und zu einer Lösung führen. (Dieser Typ vergleicht innerlich)

Bezugswörter: Angenehm, Ausgeglichen, Eleganz, Freude, Freundlichkeit, Friede, Harmonie, Manieren, Schönheit

Typ 8 - Ideenkäufer: Für seine Meinung

Ein sehr vorstellungsbezogener Typ, der vorwiegend die Idee dahinter kauft. Geben Sie ihm einfach Recht – und: *Diskutieren Sie niemals mit ihm!* Erfüllen sie einfach seine Vorstellungen. Prinzipienreiter. Handelt, weil er Recht haben will.

Abschluss am besten mit Druck möglich!

Bezugswörter: Autorität, Chef, Druck, Forderung, Leidenschaft, Macht, Prinzip, Prozess, Vorstellung

Typ 9 - Enthusiasmuskäufer: Für seine Bildung

Dieser Typ ist leicht zu begeistern. Komplimentieren sie seine Erzählungen über Reisen und seine Weltoffenheit. Ist ganz gerne ein Besserwisser, bewundern sie daher seine Bildung. Kann leicht überheblich erscheinen, kauft dann mehr als er braucht. Vergisst dann auch zu handeln.

Abschlusstechnik: Mit Begeisterung abschließen.

Bezugswörter: Aufschwung, Belohnung, Bildung, Expansion, Fülle, Glück, Sinn, Verbesserung, Weisheit, Wohlstand

Typ 10 - Verantwortungskäufer: Für sein Verantwortungsgefühl

Identifiziert sich mit den vorherrschenden Normen und Geboten.

Braucht daher anerkannte Studien und Testimonials (Professoren,

Doktoren usw.) Kauft aus Verantwortung. Appellieren sie daher an

sein Verantwortungsgefühl. Kauft vorwiegend etablierte Dinge.

Schwer zu begeistern. Handelt, weil er streng ist.

Abschlusstechnik: Mit Strenge, das hat man heutzutage.

Bezugswörter: Anerkennung, Ausdauer, Belehrung, Erfahrung,
Ernst, Fleiß, Härte, Klassisches, Kompetenz, Kontinuität, Realität,
Tradition, Verantwortung, Vergangenheit

Typ 11 - Spontankäufer: Für seine Freunde

Dieser Typ kauft vorwiegend Dinge die seine Außergewöhnlichkeit bestärken. Ist seiner Zeit auch gerne voraus. Wenn dieser Typ nervös ist, bestätigen sie ihm, dass er Außergewöhnlich ist. Ist optisch gerne auffällig, aber im innersten ein wahrer Menschenfreund. Hat Freunde in unterschiedlichsten Schichten, und erzählt auch gerne darüber. Kauft nichts was jeder hat. Kauft sehr schnell und spontan.

Abschlusstechnik: Jetzt ihre Chance, die Gelegenheit.

Bezugswörter: Abenteuer, Ausnahme, Aufregung, Extravagant, Exzentrisch, Freiheit, Genialität, Idee, Improvisation, Originalität, Progressiv, Sensation, Sonderangebot, Überraschung, Umtausch

Typ 12 - Mitleidskäufer: Für sein Bewusstsein

Dieser Typ ist besonders vorsichtig, aber leicht zu beeinflussen. Braucht vor allem Zuversicht, dass der Kauf richtig ist. Lässt sich leicht verunsichern, und braucht daher besonders intensive Nachbetreuung. Kauft auch gerne aus Mitleid zum Verkäufer. Verhandelt selten, weil er sich nicht traut.

Abschlusstechnik: (Mitleidsmasche) Oder er hilft gerne. Also lassen sie sich helfen!

Bezugswörter: Ahnung, Ersatz, Hoffnung, Phantasie, Schwäche, Trost, Unsicherheit, Wunder, Wunsch, Zweifel

Das indirekte Kompliment

Beim Indirekten Kompliment dagegen verpacken sie ihre Bestätigung in eine Anmerkung oder Frage, die etwas Positives über den Kunden impliziert.

Indirektes Komplimentieren ist der direkten Bestätigung vorzuziehen, weil es den Kunden dazu führt seine eigenen Stärken und Ressourcen zu entdecken.

Thomas Gernbauer
Seite 153

Typ 1: Impulskäufer

Bezugswörter: Erfolg, Sieg, Kraft, Stärke, Risiko, Innovation, Initiative...

Aussage: Das hat mir viel Kraft gekostet.

Sie meinen, sie haben damals besonderen Mut und Stärke bewiesen?

Aussage: Ich bin schon öfters mit Neuigkeiten eingefahren.

Sie waren damals besonders innovativ?

Aussage: Da ging ich ein großes Risiko ein.

Sie hatten schon öfters mit Risiko Erfolg?

Aussage: Ich setze mich immer durch.

Sie denken, das Siegen liegt Ihnen im Blut?

Typ 2: Qualitätskäufer

Bezugswörter: Bestand, Bewahren, Genuss, Geselligkeit, Besitz, Prestige, Sammeln, Sicherheit, Treue, Vorrat

Aussage: Ich bewahre mir meinen Besitz.

Sie sind scheinbar sehr stolz auf Ihren Besitz?

Aussage: Nun da muss ich mir ganz sicher sein.

Sicherheit ist für Sie scheinbar sehr bedeutend?

Aussage: Irgendein Produkt kann ich nicht kaufen.

Sie legen auch großen Wert auf Ihr Prestige?

Typ 3: Neugierdskäufer

Bezugswörter: Bewegung, Diskussion, Information, Interesse, Intellekt, Rationales, Unterscheidung, Wissen

Aussage: Ich weiß darüber ganz gut Bescheid!

Sie sind wohl immer gut informiert?

Aussage: Ich habe schon eine ganze Menge Informationen

Sie machen sich immer schon vorher schlau?

Aussage: Das ist aber jetzt nicht logisch!

Sie treffen vor allem logische Entscheidungen?

Typ 4: Versorgungskäufer

Bezugswörter: Gefühle, Empfindung, Heimat, Geborgenheit, Zufriedenheit

Aussage: Ich habe schon manche Dinge gegen meine Empfindung gekauft.

Sich wohlzufühlen, ist für sie also sehr wichtig?

Aussage: Ich mag keine ausländischen Produkte.

Das heißt, Sie sind sehr heimatverbunden.

Aussage: Ich kaufe in keinem Geschäft, in dem ich mich nicht wohlfühle.

Sie meinen Geborgenheit ist für Sie ein starker Wert?

Typ 5: Statuskäufer

Bezugswörter: Gestaltung, Großzügigkeit, Handlungsfähigkeit, Imponieren, Stolz, Selbstbewusstsein

Aussage: Das hat dem Verkäufer total imponiert.

Da waren Sie sicherlich stolz darauf?

Aussage: Ich kaufe nur ihn großen Mengen.

Ja, wer nicht großzügig denkt, bleibt im Mittelmaß stecken!

Aussage: Da musste ich schnell handeln.

Sie meinen, es war besser, Ihr Schicksal in die eigene Hand zu nehmen?

Typ 6: Nutzenkäufer

Bezugswörter: Analyse, Detail, Fleiß, Genauigkeit, Haushalt, Ökonomisch, Sparsamkeit, Verwertung

Aussage: Das muss in der Bedienungsanleitung stehen.

Sie achten doch auch auf jedes Detail?

Aussage: Für mich muss ein Kauf Ökonomisch sein.

Ja, die Kosten Nutzenrelation muss stimmen!

Aussage: Ich habe mir das bis ins Detail angesehen.

Auf solch einen Fleiß können Sie stolz sein!

Aussage: Ich muss da noch eine Analyse machen.

Sie meinen Sie entscheiden sehr sachlich?

Typ 7: Designkäufer

Bezugswörter: Angenehm, Ausgeglichen, Eleganz, Freude, Freundlichkeit, Friede, Harmonie, Manieren, Schönheit

Aussage: Ich streite nicht gerne.

Jeder Mensch braucht nun einmal ein gewisses Maß an Harmonie...

Aussage: Das ist mir zu pompös!

Sie schätzen eher schlichte, unaufdringliche Eleganz?

Aussage: Die wenigsten Verkäufer haben heute noch Manieren.

Ja, echte Freundlichkeit ist heute so selten geworden!

Typ 8: Ideenkäufer

Bezugswörter: Autorität, Chef, Druck, Forderung, Leidenschaft, Macht, Prinzip, Prozess, Vorstellung

Aussage: Da steige ich nicht von meiner Meinung runter.

Ihnen geht es wohl um's Prinzip?

Aussage: In diesem Fach kann man mir nichts vormachen!

Ich wäre auch gerne eine Autorität wie Sie!

Aussage: Ich bin ein Fan dieser Marke.

Sie kaufen also aus Leidenschaft?

Typ 9: Enthusiasmuskäufer

Bezugswörter: Aufschwung, Belohnung, Bildung, Expansion, Fülle, Glück, Sinn, Verbesserung, Weisheit, Wohlstand

Aussage: Ich hatte schon oft Glück.

Sie haben in Ihrem Leben sicherlich schon einiges an Wohlstand erreicht?

Aussage: Macht dieser Kauf wirklich Sinn?

Sie schätzen sicherlich eine Bereicherung Ihres Lebens?

Aussage: Kann dieses Produkt auch mehr als das Alte?

Sie kaufen scheinbar nur Verbesserungen.

Typ 10: Verantwortungskäufer

Bezugswörter: Anerkennung, Ausdauer, Belehrung, Erfahrung, Ernst, Fleiß, Härte, Klassisches, Kompetenz, Kontinuität, Realität, Tradition, Verantwortung, Vergangenheit

Aussage: Ich lebe in der Realität.

Sie sind sicher jemand, den man ernst nimmt.

Aussage: Ich hatte es immer besonders schwer.

Sie hatten also immer sehr viel Verantwortung zu tragen.

Aussage: Kennen Sie sich da wirklich aus.

Ihnen ist Kompetenz scheinbar sehr wichtig.

Typ 11: Spontankäufer

Bezugswörter: Abenteuer, Ausnahme, Aufregung, Extravagant, Exzentrisch, Freiheit, Genialität, Idee, Improvisation, Originalität, Progressiv, Sensation, Sonderangebot, Überraschung, Umtausch

Aussage: So genau muss ich das gar nicht wissen.

Die Improvisation scheint ihre Stärke zu sein!

Aussage: Dieses Angebot ist sensationell!

Sie brauchen scheinbar die Aufregung eines Sonderangebots.

Aussage: Haben sie nichts Originelles?

Sie lassen sich wahrscheinlich gerne überraschen.

Typ 12: Mitleidskäufer

Bezugswörter: Ahnung, Ersatz, Hoffnung, Phantasie, Schwäche, Trost, Unsicherheit, Wunder, Wunsch, Zweifel

Aussage: Ich hoffe immer noch auf ein Wunder.

Ja, Hoffnung gibt Zuversicht.

Aussage: Ich bin mir so unsicher.

Sie erfüllen sich sicher gerne Ihre Wünsche.

Aussage: Ich habe da so eine Ahnung.

Sie meinen Zweifel hat sie schon öfters bewahrt?

Ausnahmefragen

Verkaufspsychologie mit Magic Selling

Wenngleich ein Kunde auch misstrauisch ist, da er in der Vergangenheit schon oft genug enttäuscht wurde, so gibt es dennoch Ausnahmen, wo er vom Kauf, und in Folge begeistert war.

Untersuchen sie diese Ausnahmen, da sie ihnen helfen den Kunden zu begeistern.

Wer, was, wann und wo im Käuferleben des Kunden waren die Ausnahmen?

Was an seinem alten Produkt (bei Neukauf) hat ihn zufrieden gemacht?

Welchen Kauf hat er als Erfolg empfunden?

Hat er auch schon einmal mehr ausgegeben und war dann begeistert?

Es geht also darum eine positive Zukunft zu erkunden, die hilfreichen Käufe der Vergangenheit zu bestätigen, und sie dann einzuladen, das Kauferlebnis auszuweiten.

Skalierungsfrage

Die Skalierungsfrage ist ein Messinstrument für die Begeisterung des Kunden:

Stellen sie sich eine Skala von 1-10 vor. 1 ist wenig zufrieden, und 10 ist Begeisterung. Auf welchem Punkt der Skala befinden sie sich, wenn sie an das Produkt denken, das ich ihnen vorstelle.

Sollte die Antwort weniger als 10 sein, fragen sie nach was ihm noch fehlt. Sollte die Antwort 10 oder mehr sein können sie sofort zum Kaufabschluss übergehen.

Die Skalierungsfrage können sie auch dazu verwenden, einen Kunden langsam von zum Beispiel 4 auf 10 hinzuentwickeln. Fragen sie was hat dazu geführt, dass er schon auf 4 ist und nicht erst auf 1. Oder was müsste sein, dass er von 4 auf 5 kommt. Gehen sie in kleinen Schritten vor!

Selbst-offenbaren

Erzählen sie, wenn es passt, von ihren eigenen Erfahrungen und Erlebnissen mit den Produkten, das schafft Vertrauen. Solidarisieren sie sich mit dem Kunden.

3 Nein - Fragen

Unser Unterbewusstsein wurde durch unsere Erziehung und vor allem durch Märchen programmiert, dreimal Nein zu hören. Viele Märchen sind darauf aufgebaut, dass der Held drei schwere Aufgaben zu erledigen hat, bis er seine Belohnung erhält.

Damit wird klar warum Kunden vorerst einmal auf Abwehrhaltung gehen. „Ich will nur mal schauen", ist eine klassische Aussage dafür.

Als Magic Seller geben wir dem Kunden die Möglichkeit 3-mal Nein zu sagen, oder eine reservierte Antwort zu geben, mit einer abwartenden und gelassenen Haltung. Sie können innerlich mitzählen und dann können wir die Magic Question stellen.

Oft ist es besser, Dinge ganz einfach zu überhören. Vor allem, wenn es ein Nein ist.

Die Psychologie des Abschlusses

Die Bedeutung von Verkaufstechniken und -strategien

Verkaufspsychologie mit Magic Selling

Obwohl Produkte und Dienstleistungen von zentraler Bedeutung sind, ist es oft die Art und Weise, wie sie verkauft werden, die den entscheidenden Unterschied ausmacht. Ein gut durchdachter, strategischer Verkaufsprozess kann den Umsatz steigern, die Kundenzufriedenheit verbessern und langfristige Geschäftsbeziehungen aufbauen.

Verkaufstechniken und -strategien sind daher nicht nur für Verkaufsprofis wichtig, sondern für jedes Unternehmen, das auf Wachstum, Kundenbindung und Marktführerschaft abzielt. Durch kontinuierliche Schulung, Anpassung und Anwendung dieser Techniken und Strategien können Unternehmen sich einen wertvollen Vorteil in der Geschäftswelt sichern.

Verkaufspsychologie mit Magic Selling

Eine der wichtigsten Verkaufstechniken ist die Kommunikation. Ein Verkäufer muss in der Lage sein, auf die Bedürfnisse und Wünsche des Kunden einzugehen und gleichzeitig seine eigene Botschaft klar zu vermitteln. Eine effektive Kommunikation ermöglicht es dem Verkäufer, eine Verbindung zu seinem Kunden herzustellen und Vertrauen aufzubauen.

Darüber hinaus ist es wichtig, verschiedene Verkaufsstrategien zu beherrschen. Jeder Kunde ist einzigartig und hat unterschiedliche Präferenzen und Anforderungen. Ein erfolgreicher Verkäufer erkennt diese Unterschiede und passt seine Strategie entsprechend an. Er nutzt verschiedene Herangehensweisen, um die Aufmerksamkeit des Kunden zu gewinnen und seine Kaufentscheidung zu beeinflussen.

Verkaufspsychologie mit Magic Selling

Eine weitere bedeutsame Verkaufstechnik ist das aktive Zuhören. Indem der Verkäufer den Kunden aufmerksam zuhört, kann er dessen Bedürfnisse und Anliegen besser verstehen. Auf diese Weise kann er gezielt auf die spezifischen Anforderungen des Kunden eingehen und maßgeschneiderte Lösungen anbieten.

Neben diesen Techniken ist es auch wichtig, den Kunden von der eigenen Expertise zu überzeugen. Ein Verkäufer sollte sein Produkt oder seine Dienstleistung in einer Weise präsentieren, die Vertrauen und Glaubwürdigkeit schafft. Dies kann durch den Einsatz von Fallstudien, Referenzen und persönlichen Erfahrungen erreicht werden.

Zielorientierung: Sie bieten einen klaren Plan und einen strukturierten Ansatz, um Umsatz- und Gewinnziele zu erreichen.

Verkaufspsychologie mit Magic Selling

Kundenverständnis: Durch den Einsatz gezielter Techniken und Strategien wird ein tieferes Verständnis für die Bedürfnisse und Wünsche des Kunden erlangt. Dies erleichtert die Produktpräsentation in einer Weise, die dem Kunden einen echten Mehrwert bietet.

Wettbewerbsvorteil: In einem gesättigten Markt können die richtigen Verkaufstechniken und -strategien den entscheidenden Unterschied ausmachen und ein Unternehmen von der Konkurrenz abheben.

Effizienz: Strategien helfen, Ressourcen optimal zu nutzen, Zeit zu sparen und den Verkaufszyklus zu verkürzen.

Kundenbindung: Durch den Einsatz bewährter Techniken wird nicht nur der Verkauf abgeschlossen, sondern es wird auch eine Grundlage für zukünftige Geschäfte und eine langfristige Kundenbeziehung geschaffen.

Kontinuierliche Verbesserung: Eine ständige Bewertung und Anpassung von Verkaufstechniken und -strategien ermöglicht es Unternehmen, sich an verändernde Marktbedingungen und Kundenbedürfnisse anzupassen.

Einwandbehandlung: Jeder Verkäufer stößt auf Einwände. Strategien und Techniken bieten Lösungen und Ansätze, um diese Einwände effektiv zu behandeln und in Verkaufschancen umzuwandeln.

Markenimage: Ein professioneller Verkaufsprozess, der durchdachte Strategien verwendet, stärkt das Image und den Ruf eines Unternehmens in den Augen der Kunden.

Psychologische Faktoren beim Abschluss nutzen

Verkaufspsychologie mit Magic Selling

Der Abschluss ist der entscheidende Moment im Verkaufsprozess. Es ist der Augenblick, in dem der potenzielle Kunde sich für den Kauf eines Produkts oder einer Dienstleistung entscheidet. Um diesen Moment erfolgreich zu gestalten, ist es wichtig, psychologische Faktoren zu verstehen und gezielt einzusetzen.

Ein wichtiger psychologischer Faktor ist das Bedürfnis nach Sicherheit. Kunden wollen sich sicher sein, dass sie die richtige Wahl treffen. Als Verkäufer können Sie dieses Bedürfnis ansprechen, indem Sie Vertrauen aufbauen. Zeigen Sie dem Kunden, dass Sie seine Bedenken ernst nehmen und bieten Sie Lösungen an, die seine Sicherheit stärken.

Ein weiterer psychologischer Faktor ist der soziale Druck. Menschen orientieren sich oft an den Entscheidungen anderer. Nutzen Sie dies zu Ihrem Vorteil, indem Sie positive Referenzen und Empfehlungen von zufriedenen Kunden präsentieren. Zeigen Sie dem potenziellen Käufer, dass andere Menschen bereits von Ihrem Produkt oder Ihrer Dienstleistung profitiert haben.

Ein dritter psychologischer Faktor ist die Angst vor Verlust. Menschen sind oft motivierter, Verluste zu vermeiden als Gewinne zu erzielen. Nutzen Sie diese Erkenntnis, indem Sie dem potenziellen Kunden klarmachen, was er verpassen würde, wenn er nicht zugreift. Zeigen Sie ihm die Vorteile und den Mehrwert Ihres Angebots auf und verdeutlichen Sie, welche Nachteile er hätte, wenn er sich dagegen entscheidet.

Des Weiteren spielt die emotionale Bindung eine entscheidende Rolle beim Abschluss. Menschen kaufen oft aus emotionalen Gründen. Schaffen Sie also eine positive emotionale Verbindung zum Kunden, indem Sie seine Bedürfnisse und Wünsche verstehen und darauf eingehen. Zeigen Sie ihm, wie Ihr Produkt oder Ihre Dienstleistung seine Probleme lösen und sein Leben verbessern kann.

Den Kunden zum Kaufentschluss führen

Verkaufspsychologie mit Magic Selling

Der Prozess des Verkaufens ist eine Kunst, die sowohl Finesse als auch ein tiefes Verständnis der Psychologie erfordert. Der Schlüssel zum Erfolg liegt darin, den Kunden auf einer emotionalen Ebene anzusprechen und sie zum Kaufentschluss zu führen. In diesem Kapitel werden wir die wichtigen Schritte und Strategien untersuchen, die Verkäufern helfen, ihre Kunden zu gewinnen und zu überzeugen.

Der erste Schritt besteht darin, eine starke Beziehung zum Kunden aufzubauen. Zeigen Sie Interesse an ihren Bedürfnissen und hören Sie aktiv zu. Indem Sie ihre Anliegen verstehen und auf sie eingehen, schaffen Sie eine Vertrauensbasis, die für den Kaufentschluss entscheidend ist. Nutzen Sie Ihre Kommunikationsfähigkeiten, um eine positive Atmosphäre zu schaffen und eine langfristige Beziehung aufzubauen.

Verkaufspsychologie mit Magic Selling

Ein weiterer wichtiger Aspekt ist es, den Kunden das Gefühl zu geben, dass sie die richtige Entscheidung treffen. Präsentieren Sie Ihre Produkte oder Dienstleistungen auf eine überzeugende Weise und betonen Sie die Vorteile, die sie bieten. Nutzen Sie Geschichten und Beispiele, um Ihrem Kunden zu zeigen, wie Ihr Angebot sein Leben verbessern kann. Verwenden Sie auch soziale Beweise, wie zum Beispiel Testimonials von zufriedenen Kunden, um Vertrauen aufzubauen.

Darüber hinaus ist es von entscheidender Bedeutung, den Kunden durch den gesamten Verkaufsprozess zu begleiten. Seien Sie geduldig und unterstützen Sie sie bei ihren Entscheidungen. Beantworten Sie ihre Fragen ehrlich und bieten Sie ihnen alle Informationen, die sie benötigen, um fundierte Entscheidungen zu treffen. Zeigen Sie ihnen auch mögliche Alternativen, um ihnen das Gefühl zu geben, dass sie die Kontrolle haben.

Schließlich ist es wichtig, den Kunden zum Handeln zu bewegen. Schaffen Sie einen klaren Call-to-Action und zeigen Sie ihnen, wie sie den Kauf tätigen können. Bieten Sie Anreize wie begrenzte Sonderangebote oder zusätzliche Vorteile an, um ihre Entscheidung zu erleichtern.

Indem Sie diese Strategien anwenden und Ihre Kunden auf einer emotionalen Ebene ansprechen, werden Sie in der Lage sein, sie zum Kaufentschluss zu führen. Denken Sie daran, dass Verkaufen nicht nur eine Transaktion ist, sondern eine Gelegenheit, eine langfristige Beziehung aufzubauen. Seien Sie authentisch, einfühlsam und professionell, und Sie werden erfolgreich sein.

Umgang mit Ablehnung und Misserfolg

Verkaufspsychologie mit Magic Selling

Im Verkauf ist es unvermeidlich, auf Ablehnung und Misserfolg zu stoßen. Als Verkäufer müssen Sie lernen, wie Sie mit diesen Herausforderungen umgehen können, um erfolgreich zu sein. Der Umgang mit Ablehnung und Misserfolg erfordert mentale Stärke und eine positive Einstellung. In diesem Kapitel werden wir Ihnen einige bewährte Strategien vorstellen, die Ihnen helfen werden, diese Situationen zu bewältigen und sogar daraus zu lernen.

Ablehnung ist ein natürlicher Teil des Verkaufsprozesses. Es ist wichtig, sich nicht persönlich davon betroffen zu fühlen. Verstehen Sie, dass Ablehnung nicht unbedingt etwas über Ihre Fähigkeiten als Verkäufer aussagt, sondern oft mit den individuellen Bedürfnissen und Vorlieben des Kunden zusammenhängt. Versuchen Sie, aus jeder Ablehnung zu lernen, indem Sie sich fragen, was Sie beim nächsten Mal anders machen könnten.

Zum Beispiel:

"Menschen kaufen für **ihre** Gründe, nicht deine." – **Orjan Kjellin**

Misserfolge sind keine Niederlagen, sondern Lernchancen. Betrachten Sie sie als Feedback, das Ihnen hilft, Ihre Fähigkeiten zu verbessern. Analysieren Sie den Grund für den Misserfolg und überlegen Sie, welche Schritte Sie in Zukunft unternehmen können, um Ihre Erfolgschancen zu erhöhen. Sehen Sie Misserfolge als Sprungbrett für persönliches Wachstum und Weiterentwicklung.

Eine positive Einstellung ist entscheidend, um mit Ablehnung und Misserfolg umzugehen. Bleiben Sie motiviert und fokussiert, auch wenn es schwierig wird. Visualisieren Sie Ihren Erfolg und bleiben Sie optimistisch. Vermeiden Sie negative Selbstgespräche und konzentrieren Sie sich stattdessen auf Ihre Stärken und Erfolge.

Zusätzlich ist es wichtig, ein unterstützendes Netzwerk um sich herum aufzubauen. Teilen Sie Ihre Erfahrungen mit anderen Verkäufern, tauschen Sie sich aus und lassen Sie sich von ihnen inspirieren. Ein starkes Netzwerk kann Ihnen helfen, mit Ablehnung und Misserfolg umzugehen und neue Perspektiven zu gewinnen.

Insgesamt ist der Umgang mit Ablehnung und Misserfolg eine Fähigkeit, die entwickelt werden kann. Indem Sie diese Strategien anwenden und Ihre Einstellung ändern, können Sie gestärkt aus solchen Situationen hervorgehen und Ihre Verkaufsfähigkeiten verbessern. Lassen Sie sich nicht entmutigen, sondern nutzen Sie Ablehnung und Misserfolg als Ansporn für Ihren persönlichen und beruflichen Erfolg im Verkauf.

Langfristige Kundenbindung und -pflege

Die Bedeutung von Kundenservice und – zufriedenheit

Kundenservice bezieht sich auf die Qualität der Dienstleistungen und den Support, den ein Verkäufer seinen Kunden bietet. Es geht darum, den Kunden bestmöglich zu betreuen und sicherzustellen, dass ihre Bedürfnisse und Erwartungen erfüllt werden. Ein exzellenter Kundenservice schafft Vertrauen und Loyalität bei den Kunden und kann zu langfristigen Geschäftsbeziehungen führen. Es ist wichtig, dass Verkäufer stets freundlich, hilfsbereit und effizient sind, um den bestmöglichen Kundenservice zu bieten.

Verkaufspsychologie mit Magic Selling

Die Kundenzufriedenheit ist ein weiterer entscheidender Faktor im Verkauf. Zufriedene Kunden sind loyal und empfehlen das Unternehmen gerne weiter. Um die Kundenzufriedenheit zu gewährleisten, müssen Verkäufer die Bedürfnisse und Erwartungen ihrer Kunden verstehen und sich darum bemühen, diese zu erfüllen. Es ist wichtig, aufmerksam zuzuhören, Fragen zu stellen und sicherzustellen, dass der Kunde mit dem Produkt oder der Dienstleistung zufrieden ist. Falls es Probleme oder Beschwerden gibt, sollten Verkäufer schnell und angemessen reagieren, um das Vertrauen des Kunden zurückzugewinnen.

Eine hohe Kundenzufriedenheit und ein exzellenter Kundenservice können einem Verkäufer einen Wettbewerbsvorteil verschaffen. Zufriedene Kunden sind eher bereit, erneut bei einem Verkäufer zu kaufen und positive Bewertungen abzugeben. Dies kann zu einer Steigerung der Umsätze und einer Stärkung des Unternehmensimages führen.

Verkäufer sollten daher stets bestrebt sein, ihren Kunden den bestmöglichen Kundenservice und eine hohe Zufriedenheit zu bieten. Dies erfordert Einfühlungsvermögen, Kommunikationsfähigkeiten und Engagement. Verkäufer sollten ihre Kunden als Partner betrachten und eine langfristige Beziehung aufbauen.

Insgesamt ist die Bedeutung von Kundenservice und - zufriedenheit im Verkauf nicht zu unterschätzen. Verkäufer, die diese beiden Aspekte beherrschen, haben beste Chancen, erfolgreich zu sein und ihre Kunden zu binden.

Strategien zur Kundenbindung und -pflege

Verkaufspsychologie mit Magic Selling

Kundenbindung ist ein entscheidender Faktor für den Erfolg eines Verkäufers. Es geht nicht nur darum, neue Kunden zu gewinnen, sondern auch darum, bestehende Kunden langfristig an das Unternehmen zu binden. Eine gute Kundenbindung kann zu einer erhöhten Kundenzufriedenheit, wiederholten Käufen und positiven Empfehlungen führen. Daher ist es von großer Bedeutung, verschiedene Strategien zur Kundenbindung und -pflege zu nutzen.

Eine der effektivsten Strategien ist die persönliche Betreuung der Kunden. Indem Sie Ihre Kunden regelmäßig kontaktieren und ihnen das Gefühl geben, dass Sie sich um ihre Bedürfnisse kümmern, können Sie eine starke Beziehung aufbauen. Dies kann durch persönliche Besuche, Telefonate oder E-Mails erfolgen. Zeigen Sie Interesse an ihren Anliegen und bieten Sie Lösungen an, um ihre Ziele zu erreichen.

Verkaufspsychologie mit Magic Selling

Ein weiterer wichtiger Aspekt der Kundenbindung ist die Bereitstellung eines exzellenten Kundenservice. Seien Sie stets erreichbar und reagieren Sie schnell auf Anfragen oder Beschwerden. Bieten Sie Ihren Kunden einen Mehrwert, indem Sie ihnen zusätzliche Informationen, Schulungen oder After-Sales-Support anbieten. Indem Sie sich um Ihre Kunden kümmern und ihnen einen hervorragenden Service bieten, schaffen Sie Vertrauen und Zufriedenheit.

Des Weiteren ist es wichtig, Kundenbindungsinstrumente einzusetzen. Belohnen Sie Ihre treuen Kunden mit speziellen Angeboten, Rabatten oder exklusiven Veranstaltungen. Treueprogramme, Kundenkarten oder Geburtstagsgeschenke können ebenfalls dazu beitragen, die Bindung zu stärken. Durch diese Maßnahmen fühlen sich die Kunden wertgeschätzt und werden eher geneigt sein, weiterhin bei Ihnen einzukaufen.

Nicht zuletzt sollten Sie regelmäßig Feedback von Ihren Kunden einholen. Fragen Sie nach ihrer Meinung zu Ihren Produkten oder Dienstleistungen und nehmen Sie Kritik ernst. Indem Sie auf das Feedback reagieren und Verbesserungen vornehmen, zeigen Sie Ihren Kunden, dass ihre Meinung wichtig ist und dass Sie bestrebt sind, ihre Bedürfnisse zu erfüllen.

Insgesamt ist Kundenbindung ein kontinuierlicher Prozess, der Zeit und Aufmerksamkeit erfordert. Durch den Einsatz verschiedener Strategien zur Kundenbindung und -pflege können Sie langfristige Beziehungen aufbauen und Ihre Verkaufsergebnisse steigern.

Beispieldialoge

Handykauf

V: Guten Tag. Wobei kann ich ihnen helfen?

Kunde: Ich will nur mal schauen.

Verkaufspsychologie mit Magic Selling

V: Aber gerne, suchen Sie etwas bestimmtes, damit ich Ihnen unsere Auswahl zeigen kann.

Kunde: Ich suche ein neues Handy.

V: Haben sie ein bestimmtes Modell im Visier?

Kunde: Nein.

V: Hier an der Wand haben wir eine große Auswahl an verschiedenen Handys.

Kunde: Aha

V (wartet)

V: Haben Sie schon ein Handy?

Kunde: Ja.

V: Wie alt ist es denn?

Kunde: Naja so etwa 2 Jahre.

V: Und waren Sie zufrieden.

Kunde: Naja, es hat seine Dienste erfüllt.

V: Und jetzt wollen Sie etwas Moderneres?

Kunde: Ja.

V: Darf ich Ihnen eine außergewöhnliche Frage stellen?

Kunde: Wieso nicht!

V: Nehmen wir an, sie haben ein Handy bestellt und bekommen es morgen zugestellt. Sie packen das Paket aus, woran würden sie erkennen, das es für sie genau das richtige ist?

Kunde: Mhm. Das ist wirklich eine komische Frage. Ich könnte mehr Adressen speichern.

V: Wie viele?

Kunde: na, so 700 - 800

V: Aha. Woran würden sie noch erkennen, dass es das Richtige ist?

Kunde: Ich könnte damit im Internet surfen wie am Computer.

V: Was noch?

Kunde: Es müsste einfach zu bedienen sein.

V bestätigt: Sie wissen eigentlich ziemlich genau was sie wollen. Was müsste es noch haben?

Kunde: Mehr fällt mir jetzt nicht ein.

Verkaufspsychologie mit Magic Selling

V: Woran würden es die anderen in ihrem Freundes und Bekanntenkreis erkennen.

Kunde: Sie würden mich beneiden.

V: Gut ich zeige Ihnen einmal ein Modell.

Kunde sieht sich das Modell an und testet es.

Kunde: Was kostet das?

V: 159 Euro.

Kunde überlegt.

V: Was sagen sie dazu?

Kunde: Ich weiß nicht.

V: Auf einer Skala von 1 - 10. Wie begeistert macht es sie?

Kunde: 6

V: Mhm. Dann haben sie mir etwas nicht gesagt, denn es kann bis zu 1000 Adressen speichern, ist einfach zu bedienen, und sie können damit im Internet surfen wie am Computer.

Kunde: Sie haben Recht, ich habe ihnen etwas nicht gesagt. Es soll nicht jeder haben und ich will damit angeben können.

V erkennt Kunde ist eine Mischung aus Typ 6 sachliche Funktionen und Typ 5 Mittelpunktstreben.

V bestätigend: Sie wissen wirklich ganz genau was sie wollen. Das wird sie aber mehr kosten, würde aber gut zu Ihnen passen, da wird das nicht viel ausmachen. Hier habe ich ein besonderes Modell das voll und ganz ihrer Persönlichkeit entspricht.

Kunde testet es: Was kostet das?

V: Das kann sich natürlich nicht jeder leisten. Es kostet 599 Euro.

Verkaufspsychologie mit Magic Selling

Kunde: Von dem habe ich aber noch nie etwas gesehen oder gehört.

V: Ja, es ist ein ganz neues Modell! Daher hat es auch nicht jeder.

Kunde: Aber einer der Ersten will ich auch nicht sein.

V: Haben Sie schon einmal etwas besonders gekauft, wo Sie einer der Ersten waren.

Kunde: Eigentlich schon.

V: Und, war die Entscheidung für sie richtig?

Kunde: Meistens schon.

V: Sehen Sie auch mit diesem Handy werden Sie mehr als zufrieden sein, da es Ihre Wünsche voll und ganz erfüllt.

Kunde ist ganz begeistert von diesem Handy.

Verkaufspsychologie mit Magic Selling

Kunde: Ja es ist wirklich etwas Besonders.

V: Wenn ich ihnen noch mal eine Skalierungsfrage stelle, Auf einer Skala von 1 – 10: wie hoch ist ihre Begeisterung?

Kunde: 11

V: Super, dann darf ich es einpacken?

Kunde: Ja!

Kunde kauft!

Reflexion

Was ist passiert?

Ein Kunde betritt das Geschäft und ist einmal abwartend und reserviert. Eine ganz übliche Verhaltensweise.

Verkaufspsychologie mit Magic Selling

Wir geben ihm natürlich Zeit, sich zu akklimatisieren und sich umzusehen.

Ohne aufdringlich zu sein, erfragen wir, was er eigentlich will und verwickeln ihn in ein Gespräch.

Erst nachdem das Eis gebrochen ist, stellen wir die Vorstellungsfrage, von uns auch Magic Question genannt. Damit können wir herausfinden, was der Kunde wirklich will.

Einerseits hören wir, worauf der Kunde wert legt, andererseits bekommen wir ein Gefühl dafür, was seine Kaufmotive sind.

Die Vorstellungsfrage bringt den Kunden aber auch in Kauflaune. Er stellt sich nämlich vor, er hat das Traumprodukt bereits.

Durch die Skalierungsfrage bekommt der Verkäufer ein Feedback, ob denn das vorgeschlagene Produkt das Richtige ist.

Das ist Kundenorientierung in seiner reinsten Form. Denn damit geben wir dem Kunden das Gefühl, er sei der Experte für das, was er will.

Außerdem kann der Verkäufer den Kunden richtiggehend zum Abschluss entwickeln.

Was habe ich noch gemacht?

Nachdem ich die Kaufmotive erhört habe, habe ich den Kunden komplimentiert, was jedem Menschen guttut und ihm Sicherheit und Stärke gibt.

Die Ausnahmefrage ist ein besonders wirkungsvolles Instrument, um Zweifel und Einwände auszuschalten.

Und damit haben Sie schon ein Kochrezept zum lösungs-fokussierten Verkauf.

Autokauf

Verkaufspsychologie mit Magic Selling

Verkäufer: Wie kann ich Ihnen helfen?

Kunde: Ich interessiere mich für einen Wagen.

V: Was für einen Wagen fahren Sie denn im Augenblick?

K: (nennt ein gängiges Standard-Modell)

V: Ja, es ist ein sehr solides Fabrikat. Und es gibt ihn in so vielen verschiedenen Ausführungen und Varianten. Haben Sie da schon ein bestimmtes Modell im Visier?

K: (unsicher) wohl wieder etwas Ähnliches.

V: Darf ich Ihnen eine außergewöhnliche Frage stellen?

K: Wieso nicht!

V: Nehmen wir an, Sie haben Ihr Auto bestellt und können es hier abholen. Sie betreten den Schauraum – woran würden sie erkennen, dass eines davon Ihr Auto ist? Welches Modell hier im Raum könnte es sein?

K: Hm. Das ist wirklich eine komische Frage. Dieses hier vielleicht? (deutet auf das Standardmodell).

V: Gute Wahl. Solide und sparsam mit seinem Diesel. Aber nur mit zwei Türen?

K: das ist schon in Ordnung; ich fahre meist alleine und bei zwei Türen ist das Einsteigen für mich bequemer.

V: Auf einer Skala von 1 – 10: Wie begeistert sind Sie davon?

K: etwa 6

Verkaufspsychologie mit Magic Selling

V: Dann haben wir ein Merkmal noch nicht berücksichtigt, das Ihnen offenbar auch wichtig ist. Was soll Ihr Traumauto noch können? Sehen wir uns die anderen Modelle einmal an. Was wäre mit einem Allrad-Antrieb?

K: (winkt ab) Ich fahr nicht im Gelände

V: Oder was wäre mit dem Sportmodell? Zwei obenliegende Nockenwellen, sechzehn Ventile, Sportfahrwerk?

K: (winkt wieder ab) Ich will ja keine Rennen fahren.

V: Was ist bei Ihrem Traumauto noch wichtig? Stellen Sie sich vor, Sie fahren bereits damit – wie fühlt sich das an? Beschreiben Sie es mir.

K: (schließt kurz die Augen) Ich fahre im Sonnenschein eine Küstenstraße dahin, spüre den Wind ...

V: (begreift) Das Verdeck ist offen?

K: ja

V: Hier drüben steht das Cabrio-Modell. Sonst gleiche Ausstattung, aber mit Hardtop und Stoff-Verdeck. Steigen Sie einmal ein.

K: (steigt ein)

V: (Zeigt ihm das Öffnen des Verdecks)

K: (lehnt sich im Fahrersitz zurück und blickt sich um)

V: Auf der Zehner-Skala: Wie begeistert sind Sie von *diesem* Auto

K: 10

V: Über den Vertrag und die Finanzierung können wir uns dort drüben im Büro unterhalten.

K: (kauft)

Versicherungen

V: Guten Tag, womit kann ich Ihnen helfen?

K: Ich bräuchte eine Versicherung für mein Haus.

V: Ein Einfamilienhaus?

K: Ja.

V: Da hätten wir ein Gesamt-Paket, das wäre auf Ihre Bedürfnisse genau zugeschnitten. Wasser- und Brandschaden, etc., alles wird abgedeckt.

K: Und was kostet das?

V: nennt die Prämie

K: (überlegt)

V: Darf ich Sie etwas fragen: Wenn Sie ein solches Paket selbst zusammenstellen müssten: Wie würde es aussehen?

K: Auch so ähnlich, allerdings mit einer geringeren Prämie. Sie müssen wissen, diese Versicherung ist vor allem eine Bedingung in meinem Mietvertrag.

V: Das lässt sich machen, wenn Sie mit einem höheren Selbstbehalt einverstanden sind.

K: Das wäre ideal.

V: Also doppelt so hoher Selbstbehalt im Schadensfall, und dafür nur die halbe Prämie.

K: (schließt ab).

Fertighaus

V: Guten Tag, womit kann ich Ihnen helfen?

Verkaufspsychologie mit Magic Selling

K: Ich wäre interessiert an einem Fertighaus.

V: Da hätten wir eine ganze Reihe von Modellen. Wie viele Quadratmeter soll es denn haben?

K: Um die 130, wegen der Förderung

V: Da hätten wir unser Standardmodell. 130 m², im Erdgeschoß ein großes Wohnzimmer mit Essplatz, Küche sowie Bad und WC und oben zwei Schlafzimmer.

K: Das klingt nicht schlecht... aber... (zögert).

V: Darf ich Ihnen eine außergewöhnliche Frage stellen?

K: Wieso nicht!

V: Nehmen wir an, sie betreten Ihr Haus. Woran würden sie erkennen, dass dieses ganz genau Ihr Haus ist? Stellen Sie sich vor, wie es aussieht, und beschreiben Sie es mir.

K: Hm. Das ist wirklich eine eigenartige Frage.

V: Was wäre mit diesem hier? (deutet auf das Standardmodell).

K: Ja, nicht schlecht, obwohl...

V: Was könnte hier noch fehlen?

K: Ich habe mir immer vorgestellt, dass ich aus dem Haus auf eine große Terrasse trete.

V: Das können wir machen. (blättert in den Unterlagen) Dieses Modell hat eine große Terrasse – noch dazu auf der Südseite.

K: ...und dass ich von dort in den Swimming-Pool steige.

V: (blättert weiter) Hier haben wir etwas für Sie: Auf der Südseite eine große Sonnenterrasse und davor einen Pool. Sehen Sie sich das Foto an.

Verkaufspsychologie mit Magic Selling

K: Ja, das gefällt mir. Aber wie schaut es mit der Garage aus?

V: (blättert weiter) Hier haben wir das gleiche Modell, aber dieses hat auf der Nordseite eine große Garage.

K: Ja, das sieht gut aus.

V: Auf einer Skala von 1 bis 10: Wie würden Sie dieses Haus einstufen?

K: Etwa auf 8.

V: Nur 8? Dann haben Sie mir nicht alles gesagt, irgendetwas fehlt dabei noch. Was könnte das sein?

K: Ich habe immer von einem offenen Kamin geträumt, im Wohnzimmer.

V: Das ist kein großes Problem, einen offenen Kamin können wir in jedes Modell einbauen, am besten hier (zeichnet den Kamin in den Grundriss ein). Wie wäre es jetzt? Wie würden Sie dieses Haus bewerten?

K: Jetzt mit 10

V: Also setzen wir den Vertrag auf.

K: (unterschreibt).

Möbelkauf

V: Guten Tag.

K: Guten Tag.

V: Wobei darf ich Ihnen helfen.

K: Ich suche eine Esszimmertischgarnitur.

V: Wann brauchen Sie sie denn?

K: Sofort!

V: Haben Sie schon etwas aus unserem Angebot gesehen?

K: Nein, noch nicht wirklich.

V: Haben Sie sich schon überall umgesehen?

K: Noch nicht alles.

V: Gut, darf ich Ihnen eine außergewöhnliche Frage stellen?

K: Wieso nicht.

V: Wenn Sie sich bitte vorstellen Sie bekommen morgen Ihre Garnitur geliefert, woran würden Sie erkennen, dass es genau die Richtige ist?

K: Mhm, sie wäre eher rustikal und sehr stabil.

V: Woran noch?

K: Sie wäre aus Vollholz.

V: Woran würde es denn Ihre Familie erkennen?

K: Daran, dass ich es ausgesucht und gekauft habe.

V: Gut ich zeige Ihnen einmal etwas was Ihren Bedürfnissen entspricht. Hier diese Garnitur mit besonderer Qualität ist aus Vollholz und sehr stabil ausgeführt.

K: Ja, aber zu klein.

V: Wie viele Leute sollen denn Platz haben?

K: 6 – 8

Verkaufspsychologie mit Magic Selling

V: Gut ich zeige Ihnen eine größere Qualitätsgarnitur.

Was sagen Sie dazu?

K: Ja die gefällt mir schon sehr gut, aber statt der Bank hätte ich lieber Stühle. Wäre das möglich?

V: Ja das wäre möglich.

Wenn Sie sich bitte eine Skala von 1-10 vorstellen. 1 gefällt mir gar nicht, und 10 gefällt mir sehr gut. Wo würden Sie dieses Stück einordnen?

K: etwa bei 7

Kunde sieht plötzlich ein Stück das ihm noch besser gefällt.

K: Aber das dahinten wäre noch viel besser.

V: Ja, das hat auch einen besonderen Wert. Ist aber nicht sofort lieferbar.

K: etwas enttäuscht: Und wenn ich das Ausstellungsstück nehme?

V: Da muss ich erst nachfragen.

K: Ich habe schon sehr viel bei Ihnen gekauft, da muss das doch möglich sein.

V: Kommt zurück: Ja ich habe im Computer nachgesehen, Sie sind für uns als Kunde sehr wertvoll. Das lässt sich machen.

Kunde kauft.

Computerkauf

V: Guten Tag, wie kann ich Ihnen helfen?

K: Ich suche einen Computer.

V: Was wollen Sie damit alles machen?

K: Na ja – so ziemlich alles.

V: Zum Beispiel?

K: Briefe schreiben, Adressen meiner Bekannten etc. verwalten, im Internet surfen, E-Mails schreiben, usw.

V: Und was ist mit Spielen? Zum Beispiel mit Autorennen, also wenn Sie am PC ein Auto oder ein Flugzeug steuern?

K: Damit habe ich nichts am Hut, das ist ja nur etwas für Kinder!

V: Also keine Spiele?

K: sicher nicht.

V: Und was wäre mit CAD-Programmen?

K: Was ist das?

V: Das sind Programme, mit denen Sie am Bildschirm Dinge konstruieren – Häuser, Turbinen, Maschinen, usw.

K: Also das brauche ich auch nicht.

V: Dann können wir uns die teuren Workstations ersparen, dann reicht ein günstiger Allround-PC für Sie aus. Und hier haben wir ein günstiges Modell um 460 Euro, das wäre sicherlich das Geeignete für Sie.

K: Was ist das – ein »Allround-PC«?

V: Das ist ein Rechner, mit dem Sie all das machen können, was Sie brauchen: für Office-Arbeiten, für das Internet, und eine Netzwerkkarte ist ebenfalls dabei. Und er ist trotzdem nicht teuer.

K: Klingt nicht schlecht (zögert).

V: Darf ich Ihnen eine außergewöhnliche Frage stellen?

K: Nur zu!

V: Nehmen wir an, sie sitzen an Ihrem PC und arbeiten damit –
woran würden sie erkennen, dass es Ihr Traum-PC ist? Wie würde
es aussehen, wie würde es sich anfühlen?

K: Das ist eine eigenartige Frage. Ich stelle mir vor, dass ich am PC
sitze und mit allen Menschen in der Welt reden kann, und wenn
ich will, sehe ich sie auch.

V: Dann brauchen Sie bloß noch eine Webcam und ein Mikrofon
dazu, dann geht das alles mit diesem PC.

K: Und ich hasse das Durcheinander mit den vielen Kabeln. Da
schaut es dahinter immer so unordentlich aus.

K: Dann nehmen wir einfach eine kabellose Tastatur und eine kabellose Maus, und dazu für den Drucker ein Bluetooth-Modul. Damit haben Sie sich den ganzen Kabelsalat erspart, alles läuft über Funk.

K: Das gibt es? Das wäre super!

V: Dann haben wir Ihren Traum-PC beisammen.

K: Ja – bis auf eines: Ich lade mir viel aus dem Internet herunter: Musik und auch viele Filme.

V: Dann brauchen Sie nur eine große Festplatte. Normalerweise wird die eingebaut.

K: normalerweise?

V: Aber es gibt auch die externen Festplatten. Die können Sie per USB an jeden PC anstecken. Dann können Sie alle Ihre Filme und alle Musikstücke überallhin mitnehmen.

K: Das wäre toll.

V: Und außerdem – diese externe Festplatte überlebt auch einen Schaden, bei dem der Computer völlig zerstört wird.

K: Wie kann das passieren?

V: Wenn Sie zum Beispiel einen Schaden im Netzteil haben. Dann kann der ganze PC dabei kaputt gehen.

K: Das wäre schlimm.

V: Das ist zwar sehr selten, aber es ist schon vorgekommen. Aber sogar dann haben Sie mit dieser externen Platte immer noch alle Ihre Daten gerettet.

K: Das ist gut, das will ich haben.

V: Und mit einem Backup-Programm werden alle Ihre Daten täglich auf dieser externen Platte gesichert. Sogar wenn Sie plötzlich einen auf ganz neuen PC umsteigen, bleiben Ihre Daten auf diese Weise am Leben.

K: und das kostet?

V: knapp 100 Euro zusätzlich.

K: Nicht mehr? Dann haben Sie mich überzeugt.

V: Also stellen wir Ihren PC zusammen.

K: (kauft).

Stereoanlage

V: Guten Tag, womit kann ich Ihnen helfen?

K: Ich suche eine neue Stereoanlage.

V: Welche Ausführung?

K: Sie soll klein sein aber trotzdem guter Qualität.

V: Spielen Sie eigentlich noch Schallplatten?

K: Nein, schon lange nicht mehr.

V: Dann können wir uns die »Micro-Anlagen« ansehen, das könnte das sein, was Sie suchen (führt ihm einige vor).

K: (ist unschlüssig)

V: Darf ich Ihnen eine außergewöhnliche Frage stellen?

K: Bitte.

Verkaufspsychologie mit Magic Selling

V: Nehmen wir an, sie kommen nach Hause und sehen Ihre neue Anlage das erste Mal – woran würden sie erkennen, dass es Ihre Traum-Anlage ist? Wie würde das aussehen, wie würde es sich anfühlen? Beschreiben Sie mir das bitte.

K: Das ist eine Frage! Ich stelle mir vor, dass ich daheimsitze und meine Musik höre.

V: Was meinen Sie mit »meine Musik«?

K: Alles, was ich eben so habe – auf CDs, auf Cassetten oder auch am Computer...

V: Ich verstehe. Sie wollen auch jene Musikstücke spielen können, die Sie am Computer gespeichert haben?

K: Genau!

V: Dafür würde ich Ihnen dieses Modell empfehlen. Es ist eigentlich eine ganz normale, hochwertige Stereoanlage. Aber zusätzlich hat es einen Anschluss für Ihr PC-Netzwerk und kann von dort auch MP3-Files holen und abspielen. Damit haben Sie Ihre gesamte Musik auf einem Gerät in höchster Qualität zur Verfügung.

K: (ist begeistert).

Küchengeräte

V: Guten Tag, wie kann ich Ihnen helfen?

K: Ich suche eine Küchenmaschine.

V: Da hätten wir verschiedene Arten, was soll sie denn ungefähr können?

K: vor allem mixen, zerkleinern und Teig rühren.

Verkaufspsychologie mit Magic Selling

V: Dann wäre dieses Modell vielleicht etwas für Sie, es kann genau das, was Sie beschrieben haben: es hat ein Rührwerk, und mit dem Mixer-Aufsatz können Sie auch Früchte etc. zerkleinern.

K: Aha... (überlegt)

V: Darf ich Ihnen eine außergewöhnliche Frage stellen?

K: Sicher.

V: Nehmen wir an, sie kommen nach Hause und packen Ihre Küchenmaschine aus – woran würden sie erkennen, dass es genau das Gerät ist, das Sie sich vorgestellt haben? Wie würde es aussehen, wie würde es sich anfühlen, wenn Sie damit arbeiten? Beschreiben Sie es mir bitte.

K: Komische Frage also es ist stabil und solide gebaut, und ich kann es nach der Arbeit ohne Werkzeug, nur mit der Hand leicht zerlegen und reinigen. Und es macht Spaß, damit einen Kuchen zu backen oder einen Fruchtsaft zu machen.

V: Sie meinen also, es hat auch eine Saftpresse?

K: Ja...

V: Dort sehen Sie genau das Modell, das Sie mir beschrieben haben: Ähnlich wie das vorige, aber außerdem mit einer Saftpresse, und es ist besonders stabil und solide konstruiert.

K: (ist begeistert).

Überraschende Wendung

V: Guten Tag, was kann ich für Sie tun?

K: Ich habe vor drei Wochen hier ein Handy gekauft, und das macht Probleme.

V: Was funktioniert denn nicht?

K: Es verschickt von selbst MMS-Nachrichten

Verkaufspsychologie mit Magic Selling

V: Darf ich das Gerät einmal sehen?

K: Bitte, hier ist es

V: (untersucht das Handy) Ja, ich glaube ich weiß, was es ist. Das Handy ist so eingestellt, dass es bei jedem Druck auf diese Taste (er weist auf eine Taste an der Seite) ein Foto macht und es gleich als MMS verschickt. Aber das ist kein Problem, das kann man im Menü abstellen. (tippt kurz auf der Tastatur) ... schon geschehen! Sehen Sie, jetzt kann das nicht mehr passieren.

K: Das war alles?

V: Sicher, das war nur eine Kleinigkeit. Und sonst sind Sie mit diesem Handy zufrieden?

K: Ja, bis auf diese Sache mit den MMS ist alles bestens. Wenn nur alles so gut funktionieren würde...

V: Woran denken Sie dabei?

K: Ich denke an meinen PC

V: Was ist mit dem?

K: Es macht einfach keinen Spaß, mit ihm zu arbeiten.

V: Stellen Sie sich vor, dass Sie vor dem Gerät sitzen, und beschreiben Sie mir, was Sie daran am meisten stört.

K: Er ist immer sooo langsam.

V: Haben Sie den PC hier gekauft?

K: Ja.

V: Einen Augenblick, ich sehe kurz nach, welches Modell das war (geht an den PC und sucht) ... Ah ja, hier haben wir das Gerät. (schaut genauer hin) Und ich glaube, ich kann Ihnen auch hier helfen. Wenn der PC so langsam wird: Hören Sie dabei immer das Geräusch von der Festplatte?

K: Ja, wieso wissen Sie das?

V: Ganz einfach, Sie haben beim Arbeitsspeicher gespart, und da muss der PC alles, was er gerade am wenigsten braucht immer auf der Festplatte ablegen, die hören Sie dann arbeiten. Und die Festplatte ist rund 1000-mal langsamer als der normale RAM-Speicher. Vergönnen Sie Ihrem PC einfach etwas mehr Speicher und das Problem ist gelöst.

K: Was würde das denn kosten?

V: Die Speicherbausteine kosten um die 60 Euro. Und wenn Sie wollen, bauen wir sie für Sie gleich ein, das kostet noch einmal 40 Euro aber Sie haben dafür Garantie.

K: Ja das wäre mir lieber.

V: Gut, dann bringen Sie den PC in den nächsten Tagen vorbei. Der Umbau ist an einem Tag erledigt.

K: Auf Wiedersehen

Reklamationsgespräch

V: Guten Tag, was kann ich für Sie tun?

K: Ich möchte mich beschweren.

V: Worum geht es?

K: Ich habe vor zwei Monaten hier eine Espressomaschine gekauft, und die geht nicht richtig.

V: Was funktioniert denn nicht?

K: Der Kaffee ist nicht gut.

V: Stellen Sie sich vor, Sie kosten diesen Kaffee und beschreiben Sie mir genau, wie sich das anfühlt. Ist er heiß genug?

K: Ja, das schon, aber er ist dünn, irgendwie verwässert.

V: Welches Modell war es denn?

K: (deutet auf ein Gerät im Regal) dieses hier.

V: Ich denke, ich kann Ihnen helfen. Sehen wir uns das Gerät einmal an.

K: (tritt an das Gerät)

V: (öffnet das Gerät) Sehen Sie hierher: Hier wird der Kaffee eingefüllt

K: Ja, das weiß ich.

V: aber dabei gibt es einen Trick, den man beachten muss. Sehen Sie den Gummiring am Rand?

K: Ja, und?

V: Der muss immer frei bleiben, sonst kann er nicht abdichten. Dann rinnt das heiße Wasser nicht durch den Kaffee, sondern außen vorbei, und Sie kriegen Wasser statt Kaffee. Das ist der ganze Trick.

K: So einfach ist das?

V: Wenn Sie beim Einfüllen darauf aufpassen und die Dichtung notfalls kurz abwischen, haben Sie immer einen guten Kaffee.

K: Vielen Dank, auf Wiedersehen!

Schlusswort

In diesem Buch haben wir die Psychologie des Verkaufs erkundet und uns damit beschäftigt, wie man Kunden gewinnt und überzeugt. Als Verkäufer ist es von entscheidender Bedeutung, die Denkweise und das Verhalten der potenziellen Kunden zu verstehen, um erfolgreich zu sein.

Verkaufspsychologie mit Magic Selling

Wir haben gelernt, dass Verkaufen weit mehr ist als nur das Präsentieren eines Produkts oder einer Dienstleistung. Es geht darum, eine Verbindung aufzubauen, Vertrauen zu gewinnen und die Bedürfnisse der Kunden zu erkennen. Durch den Einsatz von psychologischen Techniken wie dem Aufbau von sozialer Bewährtheit, dem Schaffen von Knappheit und der Nutzung von emotionalen Triggern können wir unsere Verkaufsergebnisse verbessern.

Ein weiterer wichtiger Punkt, den wir besprochen haben, ist die Bedeutung der Körpersprache und der nonverbalen Kommunikation. Unsere Gesten, Mimik und Körperhaltung können einen großen Einfluss auf den Erfolg unserer Verkaufsgespräche haben. Es ist daher wichtig, sich dieser Faktoren bewusst zu sein und sie gezielt einzusetzen.

Verkaufspsychologie mit Magic Selling

Darüber hinaus haben wir die Macht der Sprache und der Rhetorik untersucht. Mit den richtigen Worten und einer überzeugenden Argumentation können wir Kunden von unserem Produkt oder unserer Dienstleistung überzeugen. Wir haben verschiedene Techniken wie das Framing, die Verwendung von positiven Worten und die Kunst des Storytellings betrachtet.

Abschließend möchte ich betonen, dass der Erfolg im Verkauf nicht nur von unseren Fähigkeiten und Techniken abhängt, sondern auch von unserer Einstellung. Eine positive Einstellung, Durchhaltevermögen und die Bereitschaft, aus Misserfolgen zu lernen, sind entscheidend, um langfristig erfolgreich zu sein.

Ich hoffe, dass dieses Buch Ihnen wertvolle Einblicke und praktische Tipps gegeben hat, die Ihnen dabei helfen, Ihre Verkaufsfähigkeiten zu verbessern. Denken Sie daran, dass der Verkauf nicht nur eine Kunst, sondern auch eine Wissenschaft ist. Indem Sie die Grundlagen der Psychologie des Verkaufs verstehen und anwenden, können Sie Ihr volles Potenzial als Verkäufer entfalten.

Vielen Dank, dass Sie sich die Zeit genommen haben, dieses Buch zu lesen. Ich wünsche Ihnen viel Erfolg auf Ihrer Verkaufsreise!

Anhang: Ressourcen und weiterführende Literatur

Verkaufspsychologie mit Magic Selling

In diesem Anhang finden Sie eine Zusammenstellung von Ressourcen und weiterführender Literatur, die Ihnen als Verkäufer dabei helfen können, Ihre Fähigkeiten im Bereich des Verkaufs weiterzuentwickeln und Kunden erfolgreich zu gewinnen und zu überzeugen. Diese Ressourcen bieten wertvolle Einblicke, Tipps und Techniken, die Ihnen dabei helfen, Ihre Verkaufsstrategien zu optimieren und Ihre Verkaufsergebnisse zu steigern.

Verkaufspsychologie mit Magic Selling

1. Bücher:

"Verkauf den FISH!" und "Top im Verkauf" von Thomas Gernbauer hier schreibe ich über Verkaufssysteme und wie sie erfolgreich werden.

"Die Psychologie des Verkaufs" von Brian Tracy: In diesem Bestseller erfahren Sie, wie Sie die Psychologie des Verkaufs nutzen können, um Ihre Verhandlungsfähigkeiten zu verbessern und langfristige Kundenbeziehungen aufzubauen.

"Verkaufen kann von jedem gelernt werden" von Frank Bettger: Dieses Buch bietet praktische Ratschläge und inspirierende Geschichten, um Ihre Verkaufstechniken zu perfektionieren und Ihre Verkaufserfolge zu maximieren.

2. Online-Kurse:

- Udemy.com: Eine Plattform, die eine Vielzahl von Online-Kursen im Bereich des Verkaufs anbietet. Hier finden Sie Kurse zu Themen wie Verhandlungstechniken, Kundengewinnung und Verkaufsgespräche. Bald auch von mir!

3. Podcasts:

- "Der Verkaufspodcast" von Dirk Kreuter: In diesem Podcast erfahren Sie von einem der führenden Verkaufstrainer Deutschlands wertvolle Verkaufstipps und -strategien, die Ihnen helfen, noch erfolgreicher zu verkaufen.

4. Verkaufsseminare und Konferenzen:

- VERKAUFSTAGUNG FOR SALE Eine jährliche Konferenz, die Verkäufern die Möglichkeit bietet, von Experten zu lernen, sich auszutauschen und neue Kontakte in der Verkaufswelt zu knüpfen.

Auch ich biete Seminare und Coachings an!

5. Online-Ressourcen:

- "Verkaufspsychologie.de": Eine Website, die sich speziell mit den psychologischen Aspekten des Verkaufs beschäftigt. Hier finden Sie Artikel, Tipps und Fallstudien, um Ihr Verständnis der Verkaufspsychologie zu vertiefen.

Verkaufspsychologie mit Magic Selling

Diese Ressourcen und weiterführende Literatur dienen als wertvolle Unterstützung für Verkäufer, die ihre Fähigkeiten im Bereich des Verkaufs verbessern und ihre Verkaufsergebnisse steigern möchten. Nutzen Sie diese Quellen, um Ihr Wissen zu erweitern und neue Strategien in Ihren Verkaufsalltag zu integrieren. Mit kontinuierlichem Lernen und der Anwendung bewährter Verkaufstechniken werden Sie in der Lage sein, Ihre Verkaufsziele zu erreichen und langfristige Erfolge im Verkauf zu erzielen.